経営学入門

藤田 誠 [著]

ベーシック＋プラス
Basic Plus

中央経済社

はじめに

　本書は，大学学部において，はじめて経営学を学ぶ学生をイメージして書いた教科書です。しかし，大学院修士課程の受験を目指す人が受験勉強用に活用してもらうことも可能ですし，また経営の実務に携わる方が，「日頃の仕事の意味や方向性を整理するため」に読んでいただいても，何らかのヒントを得られるのではないかと考えています。

　執筆に際しては，筆者の私見は控え，現在の経営学の主要な内容をできるだけオーソドックスにまとめるように心がけました。ただし，本を書くということは，内容に関しての一定の取捨選択を行うことなので，その範囲では筆者の考えや主張が反映されています。また，既存の教科書や研究において「通説」のような考え方が定まっていない内容についても，筆者なりの整理を行っているのはいうまでもありません。さらに専門用語については，できるだけ具体例をまじえながら説明することを心がけました。

▶本書の構成と使い方

　本書では，全体を4つの部に分けて説明していますが，この発想は元日本経営学会理事長坂下昭宣教授のご著書『経営学への招待』（白桃書房刊）に負っています。しかし本書では，「制度の選択」の部を追加している点では，教授の整理の仕方とは異なっています。

　また各章の冒頭に，その章の学習のポイントが端的にわかる「Learning Points」を，章末に演習問題として「Working（調べてみよう）」と「Discussion（議論しよう）」を設けています。とりわけWorkingおよびDiscussionは，授業やゼミの中での議論あるいはレポート課題の参考になると思います。一般の読者の方々も，各章の復習を兼ねて取り組んでみてください。

本書は『スタンダード経営学』(2011年刊) の内容構成をベースとしています。今回「ベーシック＋（プラス）」シリーズの1冊として刊行するにあたり，上記のLearning Points, Working, Discussionに加え，法改正を反映させるなど内容のアップデートを行っています。また，初学者にとってより親しみやすくなるよう「ですます調」に文体を変更しています。前著の書名および今回のシリーズ名が表しているとおり，全体を通じて基礎的かつ標準的な内容となるよう意図して書かれています。

　最後に，本書の刊行を勧めていただいた㈱中央経済社最高顧問の山本時男氏，ならびに会長の山本継氏，社長の山本憲央氏に，この場を借りて厚くお礼申し上げます。また，今回も文章の修正等で大変お世話になった同社経営編集部編集次長の市田由紀子さんにも，改めてお礼申し上げます。同社の益々の繁栄を祈念します。

　　2015年初春

　　　　　　　　　　　　　　　　　　　　　　　　　　　　藤田　誠

▶▶▶目次

はじめに ……………………………………………………………………… 001

第1章 経営学とはどのような学問か …………………………… 009

1. 経営学は何を対象とするのか ……………………………… 009
2. 経営の枠組み ………………………………………………… 013
3. 経営学の発展 ………………………………………………… 017
4. 経営学の特徴 ………………………………………………… 028
5. 経営学を学ぶ意義 …………………………………………… 030

第I部 制度の選択

第2章 企業と会社の制度的な特徴 …………………………… 034

1. 企業の種類―企業形態 ……………………………………… 034
2. 会社の種類 …………………………………………………… 037
3. 会社の特徴 …………………………………………………… 039
4. 株式会社の特徴 ……………………………………………… 040
5. 株式会社の機能 ……………………………………………… 042
6. 所有と経営の分離 …………………………………………… 045

第3章 コーポレート・ガバナンスと企業の社会的責任 … 048

1. コーポレート・ガバナンスと株式会社の機関設計 ……… 048
2. コーポレート・ガバナンスの論点 ………………………… 055
3. 利害関係者の多様性とコーポレート・ガバナンス ……… 060

4	企業の社会的責任に関する考え方の変遷	063
5	企業倫理，CSRの考え方	065
6	企業倫理，CSRを実現する方法	069

第Ⅱ部　戦略の形成

第4章　経営理念，目的と戦略 ……076

1	経営理念とビジョン	076
2	コーポレート・ステートメント	078
3	企業・組織の目的	080
4	経営理念，目的と経営戦略の関連	081
5	ドメインと経営戦略の概念	082
6	CSR，企業倫理と経営戦略	091
7	戦略計画から創発的戦略へ	092

第5章　企業戦略 ……096

1	成長ベクトル	096
2	多角化	098
3	事業とは何か―事業の定義	099
4	ライフ・サイクルとポートフォリオ・プランニング	105
5	ポジショニングと経営資源・組織能力	110

第6章　競争戦略と事業システム ……114

| 1 | 経験効果・経験曲線 | 114 |
| 2 | ポーターのファイブ・フォーシーズ・モデル | 115 |

3	競争戦略の類型	118
4	事業システム	120
5	経営戦略に関する概念	124

第Ⅲ部 組織の枠組み作り

第7章 組織構造 … 132

1	戦略と組織	132
2	組織構造の基本要因	133
3	官僚制	140
4	部門化の基本型	142
5	カンパニー制と持株会社	146
6	マトリックス組織とプロジェクト組織	147
7	業務プロセスと部門の統合	149
8	組織間関係とネットワーク組織	150
9	組織構造と調整	152

第8章 組織文化 … 155

1	組織文化の概念	155
2	思考様式，行動様式と組織文化	160
3	強い組織文化と下位文化	162
4	組織文化の機能と逆機能	164
5	経営戦略，組織構造と組織文化	168
6	組織文化の変革	170
7	機能主義と解釈主義	174

第9章 コンフリクトのマネジメント……177

1. コンフリクトの概念……177
2. コンフリクトの源泉……179
3. 下位文化とコンフリクト……183
4. コンフリクト・マネジメント……185
5. 交渉について……186
6. 組織変革とコンフリクト……190

第IV部 組織における人間への対応

第10章 リーダーシップ……194

1. リーダーシップの基本概念……194
2. 特性論（資質論）……196
3. スタイル（行動）論……198
4. コンティンジェンシー・アプローチ……201
5. リーダーシップ概念の拡張……205
6. リーダーシップの代替性……211
7. あらためてリーダーシップ概念について……212

第11章 モチベーション……215

1. 内容理論（欲求理論）……215
2. プロセス論……223
3. フローと有能感……228
4. リーダーシップとモチベーション……230

| **5** | 経済的インセンティブについて | 232 |

第12章 もっと深く経営学を学ぶために 235

1	組織能力	235
2	イノベーション	239
3	経営学の課題と方向性	245

索　引 253

第1章 経営学とはどのような学問か

Learning Points

▶ この章では,経営学の基本的な性格について学びます。経営学とは「企業(株式会社)を中心とするさまざまな組織をどのように運営(経営)すればいいか,あるいはすべきか」という問題に答えようとする学問領域です。

▶ また,経営学が対象とする経営活動は,「制度の選択」「戦略の形成」「組織の枠組み作り」「組織における人間への対応」という4つの領域に区分できることについて学びます。

▶ さらに,20世紀初頭以来,ドイツおよびアメリカを中心に発展してきた経営学の発展の歴史についても学びます。

Key Words

科学的管理法　管理過程論　人間関係論　意思決定論
コンティンジェンシー論

1 経営学は何を対象とするのか

1.1 企業か？ それとも経営か？

学問分野としての経営学を説明するときには,次のような言い方がされます。

① 経営学とは,企業を研究対象とする学問です
② 経営学とは,経営という活動・行為・現象を研究対象とする学問です

経営学は19世紀末以降,企業規模が拡大し,その拡大化した企業を効率的に運営(経営)するために生まれてきたという時代背景があります。そう

した点では，経営学は**企業を研究対象とする学問**という言い方も正しいでしょう。

しかし今日の経営学は，企業・組織において「どのような活動が行われているのか」あるいは「どのように活動すべきか」ということを研究対象としています。そうした意味では，経営学の対象は**経営という活動・行為・現象**であるというほうが正確です。

いま述べた点に関連して2点ほど説明しておいたほうがいいでしょう。

①経営学では**組織的な活動，行為あるいは現象**として経営を捉える

ここで「組織」という言葉を使いました。組織の定義については，いろいろなものがありますが，ここでは「統一的な目的をもった人間の協働体」として理解しておきます。ここで強調したい点は，経営とは企業・組織における「人間の協働」を研究対象としているということです。それを，人間の「活動」と呼ぶか「行為」と呼ぶかは語感の問題なので，本書では活動と行為は同じ意味とし，文脈にふさわしいほうを使うことにします。

また，「現象」という言い方をするのは，経営とは具体的な活動のレベルだけで捉えることは困難であり，抽象的なレベルで理解する必要があるからです。たとえば，工場で製品を作る仕事やスーパーでレジを打つ仕事などは，現実的な活動として捉えることができます。しかし，日本の多くの企業は，日本以外の国に生産拠点，販売拠点などを構築しており，その全体像を具体的な活動レベルでのみ把握することは困難です。ある程度，想像力を働かせて，経営を抽象的な現象として概念的に理解する必要があります。

②経営学の対象は，**企業（株式会社）を中心とする多様な組織**を含む

一般に「企業経営」という表現が使われるように，経営学は企業を主要な研究対象としてきており，現在もそれに変わりはありません。しかし近年では，経営という概念は，企業に限らず「組織を運営すること」という意味で理解されています。本書の内容も，主に企業（とくに大規模な株式会社）を念頭においていますが，病院，行政組織などの組織一般にも適用可能です。もっと単純化していえば，「**組織の運営＝経営**」と捉えることができるのです。

企業には，後の章で説明するように，私企業と公企業の区別があり，また

| Column | 古くて新しい「経営」 |

　日本で「経営」という言葉が使われるようになったのは，明治末期から大正時代にかけてであると言われています。しかしこの言葉は，意外に古くからあり，有名な司馬遷の『史記』「項羽本紀」に見られるといわれます。そこでの意味は「国の運営」であり，今日でいえば「行政」という言葉にあたります。
　古代地中海・オリエント世界における通商，古代遺跡の建築，国家間の戦争などもすべて，経営という概念でくくることが可能です。そうした意味では，経営という人間の活動は，人類の有史以来続いているということができるでしょう。

私企業の中にもさまざまな種類（株式会社，合同会社など）があります。また組織とは，企業よりもさらに広い概念であり，具体的には，病院，大学，行政組織，環境保護団体，宗教団体，NPO・NGOなども含まれます。

1.2　制度的要因と制度を超えた要因

　1.1では，「企業」と「経営」が概念として異なることを説明しましたが，これに関連して，経営学では**制度的要因**と**制度を超えた要因**とを区別する考え方があります。具体的には，制度的要因とは以下の3つを指します。

①**財産の所有に関する原則**：財産を個人が所有すること（私的所有）を，認めるかどうかを意味します。日本のような資本主義社会では，個人が財産を所有することが広く認められていますが，国や地方自治体が所有する財産（公有財産）もあります。
②**計画の自律性**：企業の計画作成に関する自律性を指します。企業の生産，販売などの計画が，企業独自の判断で作成できるのか国や官庁の管理下にあるのかということを意味します。
③**営利性**：企業の基本目的が，利益追求（営利性）にあるのか，国や地方自治体の全体的な経済計画を部分的に達成することにあるのかという違いを意味します。

制度的要因は従来，資本主義的な市場経済下と社会主義的な計画経済下の企業の違いを説明する際に利用された概念ですが，あとの章で説明する私企業と公企業の違いも，これらの要因と照らし合わせると理解しやすいでしょう。現在は日本でも民営化が進み，公企業の具体例はだいぶ減りましたが，旧郵政公社，旧日本道路公団などは，公企業の代表例です。また，郵政公社や道路公団が民営化されたように，公企業と私企業の区別は確定されたものではなく，政治的，社会的状況などで変更されることもあります。

　他方，制度を超えた要因とは以下のものを指します。

① **経営資源**：経営を行うには，物的資源（土地，建物，設備，備品，原材料など），財務資源（資金），人的資源，情報などの資源が必要なこと
② **経済性の原則**：経営資源を，経済的・効率的に利用すること
③ **財務的均衡**：収益と費用もしくは収入と支出が均衡しなければならないこと

　制度を超えた要因は，公企業や社会主義体制下の企業であっても，企業・

図表1-1 ▶▶▶ 制度的要因と制度を超えた要因

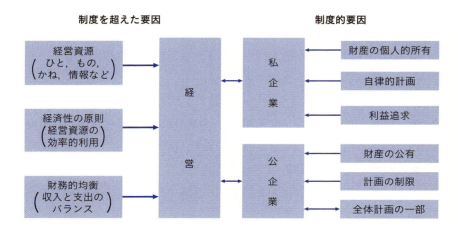

組織を経営する際には、考慮しなければならない要因です。

これらの要因のうち、**制度を超えた要因に対応するのが経営の概念**であり、**制度的要因に対応するのが企業の概念**です（図表1－1参照）。

2 経営の枠組み

2.1 「制度の選択」「戦略の形成」「組織の枠組み作り」と「組織における人間への対応」

経営学の研究対象は、「組織的な活動・行為・現象としての経営」であり、「組織の運営＝経営」という理解が可能であると述べました。ただしこれでは、経営という言葉を運営と言い換えただけであり、経営という言葉の内容を説明したことにはならないでしょう。そこで、経営という活動の具体的内容をおおまかに分類すると、次の4つの領域に区別できます。

- **制度の選択**
- **戦略の形成**
- **組織の枠組み作り**
- **組織における人間への対応**

これらについて、順に説明していきましょう。

2.1.1 制度の選択

本書の第2章と第3章の内容が該当しますが、その内容は、**企業の法的・制度的特徴**を指しており**企業形態**という言い方もされます。ここであえて制度の「選択」という表現をしているのは、どのような企業形態を採用するかは、法的に許される選択肢の中から、経営者が選択するからです。またいま述べたことからもわかるように、制度（企業形態）の選択は、法律的な側面が強い事柄です。

2.1.2 戦略の形成

第4章から第6章で詳しく説明しますが，ここではごく簡単に**企業・組織の基本的な方向性**を定めること，としておきましょう。これは，**事業構造の決定**などという言い方もされますが，簡単にいうと，**どのような製品あるいはサービスを提供するかを決定すること**，といえます。これは，あまり難しいことではないと思われるかもしれませんが，IBMがパソコン事業を売却したように，企業がある製品を作っていたとしても，それをずっと続けるとは限らないのです。こうした決定を戦略というのです。具体的な内容は，第4章以降で詳しく説明していきます。

2.1.3 組織の枠組み作り

形成した戦略にふさわしい組織全体の枠組みを設定することを意味し，本書の第7章と第8章および第9章の一部が該当します。組織の枠組みとは，基本的には**分業と調整の枠組み**を意味し，**組織構造**と呼ばれますが，これはいわば組織のハード面での枠組みです。クラブ活動や文化祭の催しでも，いろいろな分業体制がとられているように，人間が協働する際には，分業を行うのは当然のことです。大規模な企業・組織の場合は，組織構造は複雑になりますが，基本的には，分業と調整の枠組みとして理解できるのです。

他方，組織のソフト面における枠組みとでもいうべきものが「**組織文化**」です。これは日常用語としては，**社風**，**企業・組織の性格**，**組織の雰囲気**，**組織のカラー**などの表現が使われます。今日組織を捉える場合，このハード面とソフト面を理解する必要があるというのが常識になっています。

また第9章では「コンフリクトのマネジメント」を説明しますが，組織内のコンフリクト（軋轢〔あつれき〕，摩擦〔まさつ〕，葛藤〔かっとう〕など）は，部分的には組織構造や組織文化といった「組織の枠組み」から生み出されます。そのため，組織内のコンフリクトに対処するためには，組織構造や組織文化に配慮する必要があるために，「コンフリクトのマネジメント」という第9章の一部は，「組織の枠組み作り」に含まれています。

2.1.4 組織における人間への対応

第9章の一部と第10章と第11章が該当します。これは，組織の大きな枠組みのなかで働く人間にどのように対処すべきかを意味しています。簡単にいえば**内輪もめへの対処**（第9章「コンフリクトのマネジメント」），**リーダーシップの問題**（第10章）と**個人のやる気**（第11章「モチベーション」）を取り上げて説明しています。

第9章「コンフリクトのマネジメント」は，上で説明したとおり「組織の枠組み」にも関連しますが，枠組み内での「人間同士のぶつかり合い」も意味します。そのため第9章の一部は「組織における人間への対応」にも含まれます。

こうした経営の4つの領域を図示したのが，**図表1-2**です。この図では，経営が行われる順番を，以下のように想定しています。

制度の選択→戦略の形成→組織の枠組み作り→組織における人間への対応

たとえば，会社を設立して何か事業（製品・サービスを提供すること）を始めたいと思った場合，最初に会社を設立するための法律的な手続きを行わ

図表1-2 ▶▶▶経営の4つの領域

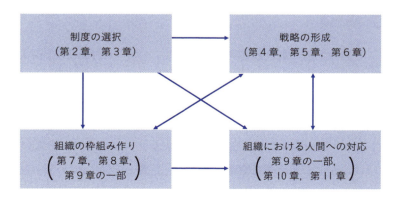

なければなりません。これが，制度の選択です。そして会社を設立したのはいいとして，そもそもどんな事業をやっていくのかを，決定しなければなりません。これが戦略の形成です。また，事業が軌道に乗ってくれば，それに応じて従業員も増えるので，仕事の分業と調整の枠組みも整えなくてはならず，また管理者のリーダーシップや従業員のやる気（モチベーション）にも気を遣わなくてはなりません。

企業・組織の誕生から成長の過程を，ごく簡単に描いてみれば，このようになります。こうした流れに沿って，本書では制度の選択を第Ⅰ部，戦略の形成を第Ⅱ部，組織の枠組み作りを第Ⅲ部，組織における人間への対応を第Ⅳ部と区分して，順番に説明していくことにします。

2.2 用語に関する補足説明

ここで用語について少しだけ説明しておきます。

2.2.1 マネジメント

これは英語の"management"をカタカナ書きにしたものです。経営という言葉を用いるか，マネジメントという言葉を用いるかは，厳密な違いはないので，本書では，前後関係あるいは他の言葉との関連で，語感の良いほうあるいは日常的に使用されるほうを選ぶことにします。

2.2.2 経営者

企業・組織の上位の地位にあり，組織全体の経営に権限と責任を持つ人たちを意味します。トップ・マネジメント（top management）も，これと同じ意味で，企業・組織の上層部に位置する経営者を集合的に指す用語として使用します。

なお**トップ・マネジメント**，**ミドル・マネジメント**，**ロア・マネジメント**という言い方がよく使用されます。これは，**企業・組織における地位**を指す場合と**それらの地位にある人たち**を意味する場合があります。もちろん，上

位がトップ・マネジメントで、それ以下ミドル・マネジメント、ロア・マネジメントと地位が低くなります。

2.2.3 管　理

日本語では経営とともに「管理」という言葉もありますが、これに該当する英語も経営と同じ"management"です。2つの言葉を比べた場合、経営は企業・組織全般の運営にかかわる活動を意味するのに対して、管理とは企業・組織内部で日々生じる問題を処理することを意味するという違いがあります。これも厳密な定義はないですが、言葉のニュアンスとして、いま述べたような違いがあります。それゆえに、本書でもこれら2つの用語を使い分ける際には、こうした意味合いの差があると理解してください。

いま説明した以外にも、経営に関する用語は非常に多く、しかも同じような事柄が違う言葉で説明されることも多いですが、それらに関しては、そのつど説明していきます。

3　経営学の発展

ここではごく簡単に経営学が発展してきた様子についてふれておきます。ただし、人名や書名をあげることはできるだけ避け、内容の発展に絞って説明します。その際、説明の便宜上、ドイツ、アメリカ、日本、その他の国に分けて説明していくことにします。

3.1　ドイツにおける経営学の発展

3.1.1　経営経済学としての成立

ドイツでは、1898年にライプチッヒに設立されて以来、各地に**商科大学**が設立された時期に、経営学が成立したとみなすのが一般的です。成立当初の経営学は、具体的な商業・経済活動に関する記述という性格が強く、学問

あるいは理論という内容はあまりなかったといわれます。

その後，1910年代以降，大きく2つの流れが生まれてきました。

①国民経済学の一分野として，私経済（企業）を研究しようというもの

ドイツでは，日本で経済学と呼ばれるものに相当する用語として「国民経済学」（Volkswirtschaftslehre）があり，他方，経営学に相当する用語として「経営経済学」（Betriebswirtschaftslehre）があります。

②企業の会計的な側面に焦点を当てた理論

この流れに連なる理論では，経営活動における貨幣価値の計算，なかでも利益の計算が重視されました。そうした点では，今日の用語でいえば，会計的な内容を多く含む経営学であったといえます。これら2つの学派の間で1912年以降，第1次方法論争（私経済学方法論争）が繰り広げられましたが，そこでの争点は以下のとおりです。

- 私経済学は科学（理論）か技術か
- 収益性（金儲け）と経済全体の経済性のどちらを基本原理とするか
- 私経済学は国民経済学の一部か独立した分野か

この第1次方法論争は結局，決着がつきませんでしたが，その後ドイツでは，1920年代末以降の第2次方法論争を経て，第2次大戦後に**経営経済学**という名称で，経営学が確立されたといわれます。この時期に中心的な役割を果たした**グーテンベルク**（E. Gutenberg）の研究は，経済学的な概念と考え方を使用しながら，経営という現象を説明しています。具体的には，経営を**生産諸要素（経営資源）の結合過程**とみなして，**生産諸要素の量と生産量との関係を関数として数学的に把握**しようというのが，経営経済学的な発想の基本です。

すこし補足しておくと，ドイツ経営学の成立初期から，企業の人間的・組織的側面を重視する研究も存在しており，現在もそうした研究は存在しています。しかし経営経済学という名称が示すとおり，ドイツにおける経営学の主流は，経済学的な研究です。違う言い方をすると，会計的な内容を多く含

んでいることとも関連して，ドイツ経営学は，**経営における貨幣的側面**を重視してきたということができます。

3.1.2 哲学的傾向

ドイツにおける経営学の発展に関して特徴的なことは，**哲学的な議論**が盛んなことです。ここでいう哲学とは，「個人的な信条」といった意味ではなく，古代ギリシャ以来，ヨーロッパ社会に受け継がれている専門的な学問分野としての哲学です。それゆえに，何回かの方法論争（1910年代の第1次から1970年代の第4次まであるとされます）では，一般の本屋で「ビジネス」という書棚にある実践的な本からは想像もできないほど，専門的で抽象的な哲学用語を使用した議論が戦わされてきました。ただし，それらの論争で議論されてきた事柄は，基本的には，第1次方法論争の争点（「科学か技術か」「収益性か経済性か」「経済学の一部か独立分野か」）です。

それらの争点に加えるならば，**規範的傾向**と**記述的傾向**をめぐる議論があります。規範的傾向とは，理想主義などと呼ばれる場合もあり「経営とは，こうあるべきだ」という規範的説明を目指す研究傾向を意味します。他方，記述的傾向とは，実証主義などとも呼ばれ，「現実の経営とはどのように行われているか」を，できるだけ正確に記述・分析しようという研究傾向を意味します。

3.1.3 知識マネジメントの先鞭？

こうした哲学的議論は，一見すると現在の経営学とは無縁のように思われます。しかし，一例をあげれば，**知識マネジメント**の研究は，現代的なトピックスですが，哲学的な議論の歴史に対する意識が色濃く見られます。そうした意味では，ドイツ経営学における哲学的な傾向は，今日までドイツ以外の国にも引き継がれているといえるでしょう。

3.1.4 アメリカ経営学の影響

1960年代以降，ドイツ経営学はアメリカ経営学の内容を取り込むととも

に，現実的に重要な課題（社会的責任・企業倫理，環境問題など）も取り上げるようになっています。アメリカの研究者とドイツの研究者とでは，同じテーマを扱っても，概念的整理の仕方，書かれる内容には隔たりがありますが，研究対象とするテーマ自体は，ドイツの研究者とアメリカの研究者との間でかなり似かよってきているといえるでしょう。

3.2 アメリカにおける経営学の展開

アメリカにおいても，20世紀初頭に経営学が成立したとみるのが一般的です。しかし，ほぼ同じような時期に成立したドイツ経営学と比較した場合，アメリカ経営学は，かなり異なる内容と性格を帯びています。そもそも，アメリカでは経営学の成立当初，人々の間に，学問領域として経営学を確立しようという気運は乏しかったといえます。むしろ，**実践にそくした知識の収集と体系化**として，経営学の歴史が始まったというほうが正確でしょう。

3.2.1 科学的管理法

アメリカ経営学は，1911年に**テイラー**（F. W. Taylor）が『**科学的管理法**』を著したことで，明白な成立の契機をむかえたといえます。しかし，じつはそれ以前の19世紀末からアメリカでは，技師たちが，作業現場における能率向上を目指した**改善運動**を行っており，テイラーの著書はそうした実践的活動内容を活字としてまとめたものです。それゆえに，この時期のアメリカ経営学は「科学的管理法」と呼ばれ，科学的管理「論」と呼ばれることはありません。

科学的管理法は，生産現場における能率向上を第1の目的として，多くの手法が提案されました。それらの中でもっとも重要なのが，**作業の標準化**です。標準化とは，従来労働者が各人のやり方で行っていた仕事を，使用する機具・工具をはじめとして，作業方法，作業量にいたるまで，できる限りあらかじめ定めた「型」にあてはめることを意味し**定型化**と言い換えてもよいでしょう。こうした標準化が実施されていたからこそ，その後，今日の**流れ**

作業の原型である**フォード生産方式**が生み出されたといえます。

3.2.2 管理過程論

フランスの**ファヨール**（H. Fayol）が1916年に著した著書を源流とし，第2次大戦前後にアメリカに伝わり体系化された学派が，管理過程論です。科学的管理法が，作業現場に焦点を当てていたのに対して，管理過程論は，企業経営の全体像を捉えており，経営には生産，購買などいろいろな機能があることを示しました。この理論では，「管理機能」を経営諸機能の1つと位置づけており，また管理機能を**計画→実行→統制**（plan → do → see）の過程とみなしています。それゆえに，管理「過程論」と呼ばれます。また「管理原則」として実践的な管理上の原則（「階層（上下関係）を作る必要性」「1人の上司が指示する部下の数を決めよ」など）を示している点も，この理論の特徴です。

3.2.3 人間関係論と組織行動論

科学的管理法の実務界への浸透と心理学の発達の影響を受けて実施されたといわれるのが，1924年から1932年まで行われた**ホーソン**（Hawthorne）**実験**です。これは，電話機，通信機などを製造していた**ウェスタン・エレクトリック**（Western Electric）**社**のホーソン工場で実施されたものです。その目的は，照明の明るさ，労働時間，休憩時間のとり方などの物理的作業条件と作業能率との関係を探ろうというものでした。しかしこの実験では，これらの作業条件と作業効率の間に統計的に意味のある関係は見出せませんでした。

その後，面接調査などを実施した結果，作業現場では，仲間うちの非公式なルールや職場における人間関係が，従業員のやる気（モチベーション），作業能率などに影響を与えていると判断するようになりました（**図表1－3**参照）。

人間関係論は，その後，1950年代以降，**行動科学**という名称を経て，**組織行動論**（organizational behavior）という名で，経営学における領域を占

図表1-3 ▶▶▶ 人間関係論の図式

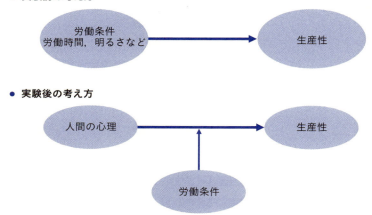

めるようになります。その具体的な内容は、本書でも取り上げる、組織内コンフリクト、リーダーシップ、モチベーションなどが中核をなしています。しかし、それら以外にも、人間の心理的側面や認知（人間が、物事を理解する仕組み）的側面を幅広く扱っています。

3.2.4 意思決定論

　1938年の**バーナード**（C. I. Barnard）の『**経営者の役割**』および1945年の**サイモン**（H. A. Simon）の『**経営行動**』の出版を契機として、「意思決定論」と呼ばれる領域が形成されました。この理論は、それまでのアメリカ経営学とくに科学的管理法と比較した場合、格段に抽象度が高く、論理・演繹的です。また、人間関係論までの経営学が、作業現場における肉体労働的な作業を対象にしていたのに対して、意思決定論では、ホワイト・カラー的な**事務労働**や**管理者の仕事**を主な研究対象にしているという特徴があります。そうした点では、この意思決定論の段階になると、経営学は「組織論」という性格を強く持つようになります。

　意思決定論は、文字どおり、経営という行為を**意思決定の一連のつながり**とみなす点に特徴があります。後の章で説明するとおり、新製品開発、海外

進出，組織変更などはみな大きな意思決定事項ですが，意思決定論は経営におけるこうした意思決定の側面に焦点を当てているのです。

さらにいえば，サイモンが提唱した「**制約された合理性**」（bounded rationality）の概念は，経済学にも導入されており，彼は 1978 年にノーベル経済学賞を受賞しています。

3.2.5 コンティンジェンシー論

1960 年代になると，コンティンジェンシー論と呼ばれるものが現れてきました。これは，管理過程論が示した管理原則のように，経営には**唯一最善の方法**があるのではなく，**状況に応じて適切な方法も異なる**という発想に基づく理論です。具体的には，組織構造に関する**機械的組織**と**有機的組織**，リーダーシップの**フィードラー**（F. E. Fiedler）**モデル**などは，こうした発想に基づいています。それらの内容は，本書の中で説明していきましょう。

3.2.6 戦略論

コンティンジェンシー論が生まれたのと同じ 1960 年代には，戦略が経営学の中で意図的に論じられるようになってきました。戦略論が成立したきっかけは，**チャンドラー**（A. D. Chandler Jr.）の**経営史的な研究**とハーバード・ビジネス・スクールの**経営方針**（Business Policy）の授業における**ケース・スタディ**の蓄積があるといわれます。また，アメリカ経営学における学派の中では，意思決定論と管理過程論の流れをくんでおり，成立当初の戦略は，**戦略計画論**という性格が強かったです。

その後，1980 年代以降には，**ポーター**（M. E. Porter）の**競争戦略**（**事業戦略**）**論**が，戦略論における有力な学派となりますが，1990 年代半ば以降は，**資源ベース論**（Resource Based View）も台頭してきました。これらの具体的内容に関しては，本書の中で説明することになります。

3.2.7 組織文化論

初期の戦略論は，細かな分析的手法をいろいろと提唱しましたが，そうし

た分析手法が、むしろ経営者の戦略的な発想や行為を阻害しているという反省と、アメリカ企業とくにメーカーが、日本のメーカーに圧倒されたという時代背景とあいまって、1980年代に生まれたのが組織文化論です。組織文化論では、数学的な分析よりも、現場を重視し地道な改善を奨励するような**組織の雰囲気**というものが、製品の品質向上や新製品開発につながり、結果として経営の優位性に結びつくという点を強調しています。

3.2.8 パラダイムの多様化と並存

1980年代以降のアメリカ経営学の状況は、ひと言でいえば**多様なパラダイムの並存状況**ということができます。パラダイムとは「人々の間で共有された考え方」ということです。ここで、それらのパラダイムについて説明することは省略しますが、名称だけ記せば、「組織シンボリズム」「パワー論」「進化論」「資源依存モデル」「制度派組織論」「組織経済学（取引コスト・アプローチ）」「解釈的組織論」「組織学習」「知識マネジメント」「資源ベース論（Resource Based View）」などです。

これらのうちのいくつか（組織学習、知識マネジメント、資源ベース論など）に基づく内容は、本書の中でも説明していきます。

Column　経営における人間観

アメリカ経営学では、理論の発展過程で複数の人間観が提示されてきました。科学的管理法の頃は、「人間は金銭的な動機で動く」という「経済人モデル」が主流でした。その後の人間関係論で提唱された人間観は、「人間は社会的関係性の中で生きている」という点を重視する「社会人モデル」「情緒人モデル」などと呼ばれる人間観です。人間関係論を継承した組織行動論では、「複雑人モデル」（「人間はいろいろな欲求を持つ」という人間観）、「自己実現人モデル」（自己実現欲求を重視する人間観）などの人間観を示しました。さらに意思決定論は、「人間は主体的に意思決定を行う」という意思決定人モデルという人間観を提示しました。これらの人間観のうちどれか1つが正しいということではなく、人間とは多面的な存在であると理解すべきでしょう。

3.3 日本における経営学の発展

3.3.1 経営学という名称の独自性

社会科学の中で「経営学」が1つの学問分野として世間から認知されているのは，日本独特な状況であるといわれます。こういうと不思議に思うかもしれませんが，ドイツの場合，経営経済学とともに経営社会学（人事・労務管理を含む内容）や経営科学（数学・統計的なアプローチを取る分野）という学問分野があり，それら3つの学問領域をまとめて呼ぶ名称はありません。また，経済学の英語は"economics"ですが，経営学に対応する英語一語はありません。あえていえば，"organization science"，"management studies"などの言葉があげられますが，語感としてもまた学問的な傾向としても日本でいう経営学とはずれがあります。

日本における経営学発展の経緯を非常に単純化していうならば，以下のようにいえます。

① 第2次世界大戦前後まではドイツ経営学の影響が非常に強い。
② 戦後になってからアメリカ経営学の影響が次第に強くなり，現在ではアメリカ経営学の影響が主流になっている。

本書の内容や構成も，基本的にはアメリカ経営学の内容をベースに書かれています。もっとも，明治末期頃から実務界では科学的管理法の紹介と実務への導入が行われており，その点ではかなり早い時期からアメリカ経営学が導入されていたともいえます。また，現在でもドイツ経営学の動向に注目する研究者は多いということは，付け加えておく必要があるでしょう。

3.3.2 個別資本説，批判経営学

いまひとつ日本の経営学の特徴として，マルクス経済学の影響を受けた学派が存在する点があげられます。この学派は個別資本説，批判経営学などの

名称で呼ばれる場合が多いですが，この学派に分類される諸理論は，経済学（マルクス経済学）と独立した学問分野として経営学が成立しうるかという共通の問題意識があります。また資本主義体制あるいは大企業の経営に対して批判的であるという共通点もみられます。大企業は，労働者を不当に安い賃金で雇っており，単調な仕事に従事させることで仕事の意味を見失っているという批判などです。ただし個別資本説，批判経営学に分類される理論も，細かい概念規定，論理の筋道などに関しては，多様な見解が並存してきたとされています。

3.3.3 経営学の批判性

大企業の経営に対して批判的な経営学というのは，一般的なイメージからすると，奇異な印象を受けるかもしれません。とくに，書店のビジネスという書棚に並んでいる実践的，マニュアル的な本を念頭において経営学を理解すると，余計に違和感を持つでしょう。しかし，ドイツにも**労働志向的個別経済学**などと呼ばれる学派があり，またアメリカ経営学会にも**批判的マネジメント研究**（critical management studies）という分科会があり，大企業が現代社会にもたらす影響について批判的に研究する人たちの交流が持たれています。

さらにいえば，企業の**社会的責任**，**企業倫理**といった今日的なトピックスも，企業が社会に与える「負の影響」に対して厳しい目を向けるという点では，批判的であるといえます。そうした点では，日本の経営学においてもっとも顕著ですが，他国における経営学も，その底流には，企業経営に対する批判的な意識が流れているといえます。

3.4 その他の国における経営学の発展

ここまで，ドイツ，アメリカ，日本における経営学の発展状況をごく簡単にみてきましたが，それ以外の国に関しても，限られた範囲ですが，簡単に説明しておきます。

3.4.1 英国の状況

英国においても，経営学に関連する研究の蓄積がみられますが，その特徴は，科学的管理法のように，経営の実践にそくして知識や概念の体系化が図られてきたということです。そのうちもっとも有名なものが，**グレーシャー金属会社**（Glacier Metal Company）が**タヴィストック人間関係研究所**（Tavistock Institute of Human Relations）と 1948 年から 1964 年までの間に実施した工場の合理化計画です。これは，アメリカのホーソン実験に匹敵する大規模な実験といわれます。この実験では「公正」をキーワードとして給与体系を築く重要性が確認されたといわれています。

また，アメリカ経営学の箇所でコンティンジェンシー論についてふれましたが，この理論の発祥地は英国です。**バーンズ**と**ストーカー**（T. Burns & G.M. Stalker）が 1961 年，**ウッドワード**（J. Woodward）が 1965 年に著した本がコンティンジェンシー論を生み出す直接の契機となっているからです。このように英国では，本書でも説明するような重要な経営学の知識が蓄積されてきました。しかしドイツのように，経営学の性格をめぐる研究者間の論争はなく，また「経営学」という学問分野に対する世間の認知度は日本ほどには高くありません。

3.4.2 フランスの状況

英国の隣のフランスでも，ファヨール以降に**カンピオン**（G.L. Campion）などの研究があります。しかし，経済学や社会学との境界線が曖昧であり，またアメリカ経営学の影響が強いという特徴があります。

3.4.3 旧社会主義諸国の状況

意外かもしれませんが，旧ソビエト連邦，旧東ドイツなどの旧社会主義圏諸国でも，企業経営に関する研究が行われてきました。また，**旧ユーゴスラビア**における**労働者自主管理**（労働者がみずから企業経営を行うこと）などは，理論ではないが，壮大な経営に関する実験といえます。

3.4.4 その他の国での事例

いま説明した以外では，スウェーデンの自動車メーカー，ボルボ（Volvo）社が，1970年代に工場の流れ作業のための生産ラインを廃止したことなどは，企業経営に関する先駆的な試みとして有名です。しかし，すでに説明したとおり，ドイツ，アメリカ，日本ほどには，経営学が体系立って発展してこなかったといえます。

3.4.5 世界の経営学の現状

分野によって差はありますが，アメリカの学界における研究動向が，その分野における主要な流れを左右しているケースが多いです。経営学も，基本的にはそうした状況にあり，近い将来もその状況に大きな変化はないように思われます。

しかし，2007年には自動車生産台数でアメリカのGMが日本のトヨタに世界一の座を譲ったように，必ずしも企業経営の模範をアメリカ企業に求める必要はなくなってきています。それと関連して，経営学も，アメリカ経営学が世界標準としての地位を占めていることは紛れもない事実ですが，各国の状況に応じて，さまざまな解釈や修正が加えられているのが，世界の経営学の現状といえるでしょう。

4　経営学の特徴

この章の最後では，経営学の特徴を2点だけ指摘しておきます。

4.1 学際性

経営学の特徴を説明する際には，しばしば「学際性」あるいは「インターディシプリナリー」（interdisciplinary）という言葉が使用されます。これは

聞き慣れない言葉かもしれませんが，経営学に限らず，他の分野でもよく使用される言葉であり，**さまざまな学問分野の垣根を超えて**あるいは，**いろいろな分野の成果を導入しながら**，といった意味です。

具体的にいえば，たとえば，第2章で説明する企業の法律的な特徴は，経営学固有の問題というよりは，法学（会社法）の問題です。しかし実際の企業経営においては，こうした法律的な事柄も理解しておく必要があります。それは，学問的な意味だけでなく，実際の経営者にとっても同じです。

また，リーダーシップやモチベーションというテーマは，経営学の課題であると同時に，心理学の研究テーマでもあります。実際，これらのテーマに関しては，経営学は心理学の研究成果を積極的に取り込んできたといえます。

このように，経営学は法学，心理学をはじめとして，経済学，社会学などの概念や考え方を取り入れながら発展してきたという特徴があります。これを，学際性といいます。

4.2 実践性

いまひとつ，経営学の特徴としては「実践性」をあげることができます。この特徴は，とくにアメリカ経営学の発展過程の箇所で述べたことを思い起こしてもらえば，理解しやすいでしょう。少し違う言い方をすれば，経営学とは，学者や研究者が，書斎に座って頭の中でひねり出したものではなく，現実の経営の中で生み出された知識や考え方を体系化したものであるといえます。

ただし，実践性というと即効薬のように「すぐに役立つ」と誤解されそうですが，残念ながら，経営学には，倒産しそうな会社を明日にでも再建できるというような意味での即効的な具体策は含まれていません。しかし経営学の考え方や概念をよく理解すれば，身の周りで起こっている経営に関するニュースや出来事をこれまで以上によく理解できるはずであり，また将来自分が管理者，経営者の立場に立った時には，具体的な解決策の糸口を得られることは多いはずです。そうした意味では，実践性よりも**現実性**という言葉の

ほうが適切かもしれません。

5 経営学を学ぶ意義

本章ではここまで、経営学の全体的な枠組み、基本的な特徴と発展の系譜について説明してきました。ところで、そもそも経営学を学ぶ意義はどこにあるのでしょうか。ここでは、本書が主な読者として想定している大学の学部生に限定して、その意義を説明します。

学部生とくに大学に入学したばかりの1年生や2年生にとっては、経営学の内容は「将来、社会人になったら必要とされる知識かもしれませんが、いまは自分には関係ないこと」と思うかもしれません。しかし第11章で説明する「モチベーション」は、勉強、クラブ・サークル活動、アルバイトなど生活における「やる気」の問題であり、まさに自分自身の問題です。また第10章の「リーダーシップ」は、クラブ・サークル活動やアルバイトなどでも経験するとともに、自分自身がリーダーシップを発揮する必要に迫られる場合もあるでしょう。そうした点で、経営学の内容は身近な現象を扱っているのです。

第2章から第9章までの内容は、一読しただけでは「企業を経営するための知識であり、学生の自分には関係ない」と思いがちでしょう。しかし、それらの章で書かれている内容を理解すれば、アルバイト先の経営の良し悪しが理解できるようになり改善策を提言できるかもしれませんし、またクラブ・サークルの運営に関してもヒントを得ることもあるかもしれません。

すでに説明したように、経営学は企業（株式会社）を主な研究対象としていますが、それに限らず、組織一般を理論の対象にしています。そうした点では、日常生活において何らかの組織に所属していれば、経営学の知識は意外なところで自分の生活に関連しており、自分が直面する課題に対する解決策のヒントを与えてくれるのです。

また、「4の4.2実践性」では「経営学の概念を理解すれば経営をよりよ

く理解でき，自分が経営者・管理者になった時に解決策の糸口を得られる」と述べています。これは社会人になってからではなく，学生の時からでも一種の「思考訓練」としてできることです。とくにアルバイトをしている場合は，アルバイト先の経営戦略，組織構造などにまで関心を持つことで，自分なりに「良い経営方法」と「悪い経営方法」に関する知識を蓄積することができます。

以上のように，経営学の知識は「消費者としての自分」ではなく「自分がマネジャー・経営者になったらこうしよう」ということに関して，多くの示唆を与えてくれるのです。

Working　　　　　　　　　　　　　　　　　　　　調べてみよう

1. 司馬遷の『史記』の「項羽本紀」で，「経営」という言葉がどのように使われているか調べてみよう。
2. テイラーの『科学的管理法』，ファヨールの『産業ならびに一般の管理』，バーナードの『経営者の役割』，サイモンの『経営行動』などを，図書館で読んでみよう。
3. 旧国鉄，旧電電公社など，民営化された公企業の社史を調べてみよう。

Discussion　　　　　　　　　　　　　　　　　　　　議論しよう

1. 歴史上の出来事（古墳やピラミッドなどの建設，戦国武将の戦いなど）を1つ取り上げ，その出来事が「経営」という観点からどのように理解できるか議論してみよう。
2. 非営利組織（大学，病院，地方自治体など）を1つ取り上げ，その組織の経営が，株式会社の経営と似ていると思われる点と異なると思われる点を議論してみよう。

▶▶▶さらに学びたい人のために

- 片岡信之・齊藤毅憲・佐々木恒男・高橋由明・渡辺峻編著［2010］『アドバンスト経営学』中央経済社。
- Gutenberg, E.［1958］*Einfrung in die Betriebswirtschaftslehre.*（池内信行監訳［1959］『グーテンベルク・経営経済学入門』千倉書房）

参考文献

- 占部都美著・加護野忠男補訂［1997］『経営学入門（改訂増補）』中央経済社。
- 大月博司・高橋正泰・山口善昭［2008］『経営学（第3版）』同文舘出版。
- 海道進・吉田和夫・大橋昭一編著［1997］『現代ドイツ経営経済学』税務経理協会。
- 上林憲雄・奥林康司・團泰雄・開本浩矢・森田雅也・竹林明［2007］『経験から学ぶ経営学入門』有斐閣。
- 幸田浩文［1996］『イギリス経営学説史の探求』中央経済社。
- 神戸大学経営学研究室［1972］『平井泰太郎経営学論集』千倉書房。
- 坂下昭宣［2007］『経営学への招待（第3版）』白桃書房。
- 鈴木英壽編［1984］『経営学の国際的系譜』成文堂。
- 鈴木英壽編著［1989］『経営学総論（第2版）』成文堂。
- 高橋俊夫［2006］『組織とマネジメントの成立』中央経済社。
- 高柳暁・飯野春樹編［1992］『新版・経営学(1)』有斐閣。
- 中村常次郎・鈴木英壽・小島三郎編［1980］『ドイツ経営学説』同文舘出版。
- 林正樹［1998］『日本的経営の進化』税務経理協会。
- 古川栄一［1989］『経営学通論（5訂）』同文舘出版。
- 深山明・海道ノブチカ編著［2001］『経営学の歴史』中央経済社。
- 村田和彦［2006］『経営学原理』中央経済社。
- 森昭夫［1997］「「日本経営学会誌」創刊にあたって」『日本経営学会誌』創刊号，3-12頁。
- 森本三男［1995］『経営学入門（3訂版）』同文舘出版。

第 Ⅰ 部

制度の選択

第2章
企業と会社の制度的な特徴

第3章
コーポレート・ガバナンスと企業の社会的責任

第2章 企業と会社の制度的な特徴

Learning Points

▶この章では，企業や会社の制度的・法律的な特徴について学びます。一般的に「企業」といった場合，大規模な株式会社（いわゆる大企業）を意味することが多いのですが，じつは企業には制度的・法律的な特徴において，さまざまな種類があります。

▶また，さまざまな種類がある企業の中で，経営学が中心的に取り上げる株式会社の制度的・法律的特徴についても学びます。

Key Words

企業形態　公企業　私企業　会社　株式会社　所有と経営の分離

1　企業の種類
企業形態

　一般に，企業の制度的あるいは法律的な特徴を説明する際には，**企業形態**という用語が使用されます。企業形態の分類方法としては，まず出資者に注目した分類があります。出資者が政府，地方自治体などの公的機関である場合は**公企業**，政府・地方自治体などと私人の両者が出資者である場合は**公私合同企業**あるいは**第3セクター**と呼ばれます。そして出資者が私人である場合は**私企業**と呼ばれます。これらの関係に関しては，図表2－1と2－2を参照してください。

　私企業はまず，**非営利企業**と**営利企業**という基準で分類できます。非営利企業の例は，図表2－1にあるとおり，協同組合と相互保険会社（生命保険会社）が挙げられます。協同組合とは，中小企業等協同組合，農業協同組合，水産協同組合，消費生活協同組合などのように，中小企業者などの事業改善あるいは消費者の生活向上のために組織される団体をいいます。また，相互保険会社は生命保険会社で多く採用されていることもよく知られていま

図表2-1 ▶▶▶ 企業の分類

```
    ┌ 1）公企業・公私合同企業（第3セクター）
    │
    │ 2）私企業
    │   ┌ ①非営利企業（協同組合（生協，農協など），相互保険会社）
    │   │ ②営利企業
    │   │   ┌ i) 個人企業
    │   │   │ ii) 共同企業
    │   │   │      ┌ a. 組合企業
    │   │   │      │ b. 匿名組合
    │   │   │      │ d. 信託
    │   │   │      └ c. 会社（株式会社，合名会社，合資会社，合同会社）
```

図表2-2 ▶▶▶ 公企業，公私合同企業の例

公庫	日本政策金融公庫
特殊銀行・金庫	日本政策投資銀行，国際協力銀行，農林中央金庫，商工組合中央金庫
独立行政法人	都市再生機構，日本学生支援機構，科学技術振興機構，国際協力機構，日本貿易振興機構（ジェトロ）
第3セクター	東葉高速鉄道，中部国際空港，関西高速鉄道
その他	日本放送協会，日本中央競馬会，放送大学学園

す。生命保険会社が非営利企業というのは意外かもしれませんが，法律的には非営利の企業と位置づけられています。

営利企業はさらに，**個人企業**と**共同企業**に分類されますが，これは，出資者の人数に注目した分類です。出資者が個人である場合は「個人企業」，出資者が複数人である場合は「共同企業」と呼ばれます。

営利の共同企業は，さらに**組合企業**，**匿名組合**，**信託**，**会社**に分類されます。

①組合企業

民法の組合契約によって，複数人が共同出資により事業体を形成することを指します。これは，法人格がないため，特定期間の事業協同組合などに向いているとされます。

②匿名組合

当事者の一方が匿名組合員として相手方（営業者，企業主）の営業に対して出資し，その出資比率に応じた利益配分を営業者・企業主が約束する契約を結ぶものをいいます。日本では，航空機のリースなどにおいて利用されています。

③信　託

土地信託などに利用される形態で，受益者のために土地などの財産の管理・処分をするために財産権を委託する契約が，委託者と受託者との間で交わされると信託関係が成立します。

組合企業，匿名組合，信託は，会社とは区別されますが，事業を営む法律的な仕組みであり，企業の一種と捉えることができます。なお，会社に関しては，次の節で説明します。

本章の冒頭でも述べたとおり，一般に，企業というと株式会社を思い浮かべる場合が多いですが，以上のように企業には多様な種類があります。また上で例を示したとおり，われわれは日常生活を送るうえで，株式会社に限らずさまざまな種類の企業とかかわりを持ちながら生活しているのです。

さらに，旧郵政公社，旧電電公社，旧日本道路公団などが**民営化（私企業化）**されたのは周知の事実ですが，これらの例が示すように，企業形態は決して固定的なものではなく，その時々の社会情勢，政治状況などによって変更されるという点も留意しておく必要があります。いうまでもなく，ここ20年来の日本における潮流は，公企業の民営化（私企業化）です。

われわれはふだん「企業」と「会社」を同じような意味で使っている場合が多いですが，ここまでの説明で，企業のほうが会社よりも広い概念であることがわかるでしょう。

2 会社の種類

前節で企業の種類（企業形態）について説明したとおり，会社はいろいろな企業形態の中の1つの種類です。そして会社はさらに，以下のように分類されます。

①**合名会社**
②**合資会社**
③**合同会社**
④**株式会社**

これらの会社の特徴を一覧表で示せば，**図表2－3**のように整理することができます。この表を見る場合のポイントは，まず，出資者が会社の債務に対する責任をどのように負うかという点です。これに関しては，以下の2つがあります。

①無限責任
出資者は，私財を投じてでも会社の債務を返済する責任を負うこと
②有限責任
出資者は，会社の債務が返済できない場合には，出資を放棄するだけであり，それ以上の責任を負わないこと

また，**持分譲渡**とは，会社における出資者の出資分を他の人間に譲る際の法的な制約を意味します。株式会社の場合でいえば，株式の譲渡（売買）に関する制約にあたります。

会社代表とは，事業を行うために，会社を代表して契約をかわすことができる権限を誰が持つかを意味します。また**業務執行**とは，会社を経営するためにさまざまな意思決定（資金の調達，支店の統廃合など）を行うことを意味します。なお，**社員**とは「会社員」という意味ではなく会社に出資した者を意味しており，株式会社の場合でいえば**株主**にあたることは注意しておく

図表2-3 ▶▶▶ 会社の種類

	合名会社	合資会社	合同会社	株式会社
出資 (責任, 構成員, 持分譲渡など)	・無限責任社員 ・出資は金銭, 労務, 信用でも可 ・持分譲渡は全社員の同意必要	・無限責任社員と有限責任社員 ・持分譲渡は全社員の同意を原則とする	・すべて有限責任社員 ・持分譲渡は全社員の同意を原則とする	・すべて有限責任社員 ・持分譲渡は自由であるが, 定款により譲渡を制限することができる
運営	・会社代表:全社員 ・業務執行:全社員	・会社代表:全社員 ・業務執行:全社員	・会社代表:全社員 ・業務執行:全社員	・会社代表:代表取締役(代表的例) ・業務執行:代表取締役(代表的例)

図表2-4 ▶▶▶ 会社等の種類別の数(2017年度)

	資本金額 1千万円以下	1千万円超 1億円以下	1億円超 10億円以下	10億円超	合計 (構成比)
株式会社	2,179,140	337,328	15,547	5,652	2,537,667 (93.8%)
合名会社	3,642	171	0	1	3,814 (0.1%)
合資会社	15,582	526	0	4	16,112 (0.6%)
合同会社	82,195	606	120	10	82,931 (3.1%)
その他	48,272	16,663	699	469	66,103 (2.4%)
合計 (構成比)	2,328,831 (86.1%)	355,294 (13.1%)	16,366 (0.6%)	6,136 (0.2%)	2,706,627 (100.0%)

出所:http://www.nta.go.jp/kohyo/tokei/kokuzeicho/kaishahyohon2016/pdf/kekka.pdf (2020年4月2日参照)

必要があるでしょう。

現在, 日本の法律で認められる会社は, これら4つの種類がありますが, 図表2-4をみればわかるとおり, 数のうえでは, 株式会社が圧倒的多数をしめています。また, 資本金額をみても, 10億円以上の資本を集めている会社は, ほとんどが株式会社です。このように, 会社の中では株式会社が代表的な存在です。

3 会社の特徴

前節で説明したとおり，会社には4つの種類があり，会社債務に対する責任の取り方などに関して違いがあります。しかし，4つの種類の会社には，共通の特徴があります。

3.1 法人性

法律的な見地からすると，株式会社を含む会社の基本的な特徴は**法人性**にあるとされます。すでに説明した他の事業運営形態である組合などと比べた場合，会社が法人であるということは，権利義務関係，契約関係などの処理が簡略化，効率化できるというメリットがあります。この点に関しては，図表2-5を参照してください。

会社が事業を営む過程では，多くの会社（納入業者など）あるいは個人と

図表2-5 ▶▶▶法人による契約処理の簡便性

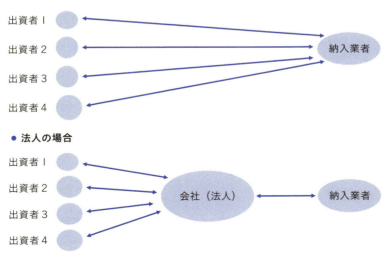

契約を結ぶ必要があります。その際に，法人という形態を採用していないと，いちいち出資者との間で契約を結ぶ必要が出てきます。この図では，作図のために出資者を4名にしており，また会社が契約を結ぶ相手も1つにしていますが，出資者の数が数百名でかつ契約を結ぶ相手の数が数十社になった場合を考えれば，法人であることによる契約処理の簡略化は，一目瞭然でしょう。

3.2 営利性

会社のいまひとつの特徴は，**営利性**にあるとされます。営利性とは，法律的には，会社が事業によって得た利益から，出資者に分配することが許されることを意味します。株式会社でいえば，株式に対する配当がこれにあたります。

株式会社に代表される会社が，営利（利益，利潤）のために経営されるというのは，われわれの日常的な感覚からいっても，ごく当然のことでしょう。

3.3 社団性

社団とは，さきに述べた法人性との関連で理解したほうがいいでしょう。すなわち，組合の場合には，出資者同士の関係も権利義務関係（契約関係）になりますが，社団の場合には，各出資者（社員）は社団とは権利義務関係（契約関係）にありますが，各出資者（社員）間には，そうした関係はありません。

4 株式会社の特徴

すでに説明したとおり，会社には合資会社など4つの種類がありますが，現代の資本主義社会では，株式会社が会社の代表的な存在です。また一般的

に，企業といえば株式会社，しかも大規模な株式会社を意味する場合が多いでしょう。そこで，ここでは株式会社の基本的特徴についてふれておきます。

4.1 出資者（株主）による所有

この点に関しては，**コーポレート・ガバナンス**の箇所でまた説明しますが，法律的な見地からは，株式会社は出資者（株主）によって所有されるとみなされています。ここで所有とは，以下のことを意味します。

①出資者（株主）が事業の運営（経営）を支配すること
②事業によって得た利益を，出資者（株主）に分配すること

4.2 出資者（株主）の有限責任

さきにも述べたとおり，株式会社の出資者（株主）は，株式の引受価額を限度とする出資義務を負うだけで，会社債務についてなんの責任も負いません（**有限責任**）。株式会社は，多額の資金（資本）を必要とする大規模な事業運営を行うために設立されることを想定しているので，有限責任制度を採用しないと，出資者のリスクが大きくなり，多数の出資者から資本を集めにくくなるという配慮があります。

この点と関連していえば，株式会社では，出資額が株式として細分化・少額化されることで，一部の資産家・富裕層からだけでなく，広く一般公衆からも資金（資本）を集めることが可能になります。そうした点でも，多額の資金（資本）を必要とする事業を営むには，株式会社という仕組みは適しているのです。

4.3 出資者と業務執行者の分離

株式会社では，出資者（株主）が業務執行者（経営者）を選任し，この業務執行者が会社経営を行うことを原則としています。ただし現実には，出資者（株主）が会社経営を行うケースは多く，こうした会社の経営は**同族経営**などと呼ばれます。この点は，**所有と経営の分離**とも関連しており，本章 **6** で改めて説明しますが，会社法上は，出資者と業務執行者（経営者）を分離することが想定されています。

4.4 出資持分の譲渡性

よく知られているように，株式会社では，出資持分（株式）の譲渡性が高いです。それゆえに，ある時点である会社の出資者（株主）であっても，その持分（株式）を売却して出資額を回収することは可能です。ただし，**定款**において株式の譲渡性に制限を加えることはできます。

5 株式会社の機能

前節では株式会社の法律的な特徴について説明しましたが，ここでは，株

Column　登記と定款

会社を設立する場合には，**登記**という法律的な手続きをする必要があります。具体的には，法務局という法務省の出先機関に，①会社の商号（社名），②本店の所在地，③登記をする支店の所在地，を記載した書類を提出する必要があります。

また，株式会社を設立する場合には，**定款**という文書を作成する必要もあります。ここには，①目的（事業内容），②商号，③本店の所在地，④設立に際して出資される財産の価額またはその最低限度額，⑤発起人の氏名と住所，⑥発行可能株式数，を記載しないとなりません。

式会社の経済的な機能・特徴について検討してみましょう。

話が多少前後しますが，日本では 2005 年に**会社法**という名の法律が制定されましたが，それ以前は**商法**の中の会社に関する規定を中心とする法律の総称を慣例的に「会社法」と呼んでいたにすぎません。2005 年の会社法制定までも，従来の商法によって，株式会社に関する規定はいろいろと変わっています。それらの中でも，株式会社の経済的な機能を考えた場合にもっとも注目すべき点が，**最低資本金制度**です。

5.1　最低資本金制度

いま述べたとおり，2005 年の会社法制定に先立ち，1990 年代から商法上の株式会社に関する規定はしばしば変更されてきました。その中でも最低資本金制度に関しては，1990 年に株式会社の資本金は 1,000 万円を最低額とするという規定が設けられました。最低資本額に関する規定が設けられた背景には，株式会社が社会的に経済活動を営む存在として信用されるためには，一定限度の資本（資金）による裏づけが必要であるという説明がされていました。

しかしその後，日本経済が長期的な不況にあったという経済事情などを反映して，資本金が 1 円でも株式会社を設立できるような制度が導入され，むしろ起業（会社・事業を新たに起こすこと）を促進し経済を活性化させようという政策的意図が強調されるようになりました。こうした紆余曲折を経て，結果としては，2005 年制定の会社法では，資本金額に関する規定はなくなりました。

5.2　資本の結合

前項で簡単に説明したように，現行の会社法では最低資本金に関する規定がないため，「株式会社の経済的な機能は何であるか」ということに関する法律的な意味づけが曖昧になったという事情があります。実際，最低資本金

制度があった頃の会社法の本では,「株式会社とは,資本の結合を容易にする法的仕組みである」という説明がされていましたが,近年の会社法の本では,株式会社が**資本の結合**という経済的機能を持つという説明はされなくなっています。

しかし,法律上の規定が変わったとしても,実質的には,株式会社が資本（資金）を集める（資本の結合）という機能を有するということはできるでしょう。株式会社を設立したとしても,資本金がゼロであっては,実質的には何も事業運営（経営）を始められません。そうした意味では,法律の規定はともかくとして,株式会社が資本の結合という経済的機能を持つと考えるほうが自然でしょう。とくに,合同会社,合資会社,合名会社という他の会社形態と比較した場合,株式会社の機能あるいは利点は,多くの出資者（株主）から**多額の資本**（資金）を集めることができる点にあります。そうした意味でも,資本の結合は,株式会社の経済的機能として理解する必要があります。

5.3　利益の配当

いま述べた資本の結合と表裏一体の関係にあるのが,利益の配当を行うという株式会社の機能です。これは,4で説明した「出資者（株主）による所有」と関連しますが,出資者（株主）は資本を提供する見返りとして,株式会社の利益から配当を受ける権利を有します。こうした利益の配当という機能は,株式会社にとって根本的な経済的機能とみなすことができます。

とくに出資者（株主）の立場からすれば,株式会社に出資する経済的な動機は,出資に見合った配当を得られることです。そうした意味で,利益の配当という機能は,株式会社にとって重要な機能といえます。

なお,株主が株を購入する経済的動機としては,配当だけでなく,株価の上昇による株式売却益があります。しかし特殊なケースを除いて,株式への配当も実施できない株式会社の株価が長期間にわたって上昇することはありません。また株価がどのように決定されるかは,個々の会社の経営努力にも

影響されますが，株式市場を含む金融市場の動向，マクロ経済レベルの状況などにも影響されます。そうした点では，株式会社の経済的機能としては，利益の配当を基本にすえて考えるべきでしょう。

6 所有と経営の分離

　前節では，株式会社は多額の資本（資金）を多数の人間から集めるのに有効な仕組みであるということを説明しました。多数の人間から資本を集めるということは，多くの株式を発行して多くの人に購入してもらうということであり，これは一般に**株式の分散**といわれます。

　株主数の増加が進むと，**所有と経営の分離**という状況が生み出されますが，これは2つに分けて理解される場合が多いです。まず，株主が経営に直接には関与しないが，経営者（正確には代表取締役など）の任免権など，株主の権利行使をとおして，経営を間接的に支配・統制している場合は，**形式的な所有と経営の分離**と呼ばれます。

> **Column**　**バーリとミーンズによる調査**
>
> 　「所有と経営の分離」という現象は，アメリカのバーリ（A. A. Berle, Jr.）とミーンズ（G. C. Means）が，1930年1月1日時点でのアメリカ大企業200社（金融会社を除く）の株式所有構造を調べた調査から導かれた概念です。彼らの調査では，①経営者支配（持株比率20％以上の株主が不在の状態）：44％，②少数支配（20％以上50％未満の持株比率の個人あるいはグループがいる状態）：23％，③法的手段による支配（持株会社などによる支配）：21％，④完全所有支配（80％以上の持株比率の個人，グループがいる状態）：6％，⑤過半数支配（50％から80％の株式を所有する個人，グループが存在する状態）：5％，という結果が出ています。
>
> 　所有と経営の分離という概念は，経営学に限らず，経済学，会計学，法学などでも登場する概念ですので，よく記憶しておいてください。ただし，本文でも説明しているとおり，所有と経営の分離は主に大規模な株式会社（大企業）にみられる現象であると理解すべきでしょう。

これに対して，株主の数がさらに増大し株主総会の議決を左右できるような大株主が存在しなくなり，経営者（代表取締役など）が株式会社経営の権限を手中にしている状況を**実質的な所有と経営の分離**といいます。

所有と経営の分離は，株式会社の説明をする時には必ずといっていいほど触れられる事柄であり，とくに大規模な株式会社（大企業）の実態を理解するには欠かせない概念です。

しかし，「株式会社＝所有と経営の分離」という図式は単純すぎるという点も注意しておく必要があるでしょう。コラムでも紹介したバーリとミーンズの調査によって，所有と経営の分離という現象が広く知られるようになりましたが，彼らの調査は，当時のアメリカを代表する大企業 200 社の持株状況を調べたものです。彼らの調査以降，日本でもいくどか株式会社の持株状況を調査したものがありますが，それらも，主に大企業を対象に調査したものです。

図表２－４をみればわかるとおり，日本には 2012 年度時点で約 242 万の株式会社があります。これらの株式会社の持株状況に関する正確な調査はありませんが，筆者の知りうる範囲では，株式会社形態を採用していても，株式を株式市場には上場せず比較的少数の株主がいるだけで，経営者（そして多くはその家族）が大株主となっている**オーナー経営者型の会社**は結構多いです。むしろ，日本の株式会社全体をみれば，こちらの形態のほうが多数派といえるでしょう。

以上のような点を考慮すると，所有と経営の分離は，大規模な株式会社（大企業）にみられる現象と理解しておいたほうが正確といえます。ただし，売上高，利益額，総資産額，従業員数などの基準でみた場合，いわゆる大企業は日本経済の大きな割合を占めており，社会に与える影響も多大です。そうした点では，大企業に特有の現象とはいえ，所有と経営の分離は重要な意味合いを持っています。この点は，次の章であらためて説明していきましょう。

Working
調べてみよう

1. 本書の図表2－2に記載されているもの以外に，どのような公企業や公私合同企業（第3セクター）があるか調べてみよう。
2. 興味のある株式会社をいくつか選び，「大株主の状況」（株式の所有構造）を調べてみよう。その際には「有価証券報告書等の開示書類を閲覧するサイト」EDINET（http://disclosure.edinet-fsa.go.jp/）か，会社のホームページを参照しよう。

Discussion
議論しよう

1. 公企業と私企業について，おのおのの企業形態が持つ利点・長所と問題点・短所について議論してみよう。
2. 株式会社の経済的な機能・役割について，議論してみよう。

▶▶▶さらに学びたい人のために
- 牛丸元［2013］『スタンダード企業論』同文舘出版。

参考文献
- 大隅健一郎・今井宏［1995］『最新会社法概説（第4版）』有斐閣。
- 大月博司・髙橋正泰・山口善昭［2008］『経営学（第3版）』同文舘出版。
- 大山俊彦・川内克忠・岸田雅雄・三枝一雄・永井和之・森田章［1995］『会社法（3訂版）』三省堂。
- 神田秀樹［2014］『会社法（第16版）』弘文堂。
- 浜辺陽一郎［2006］『図解新会社法のしくみ』東洋経済新報社。
- Berle, Jr., A. A. & Means, G. C. [1982 (1933)] *The modern corporation and private property,* Macmillan.

第I部 ● 制度の選択

第3章 コーポレート・ガバナンスと企業の社会的責任

Learning Points

▶この章では，コーポレート・ガバナンスの基本的概念を学びます。コーポレート・ガバナンスとは，主に大規模な株式会社を対象として，「会社はどのように経営されるべきか」に関する議論です。

▶また，企業倫理，企業の社会的責任（CSR）についても学びます。企業倫理あるいはCSRは，企業経営における諸問題に対して，いかにして倫理性，道徳性を確保するかという事柄についての考え方と具体的対策について考える研究分野です。

Key Words

監査役会設置会社　監査等委員会設置会社　指名委員会等設置会社
株主総会　取締役会　利害関係者　コンプライアンス

1 コーポレート・ガバナンスと株式会社の機関設計

1.1 コーポレート・ガバナンスの概念について

コーポレート・ガバナンスという言葉を日本語にすれば，**企業統治**，**会社統治**などとなりますが，この言葉が使用される際の議論の内容を正確に表現すれば，**株式会社統治**とするのが適切です。しかし日本ではコーポレート・ガバナンス，あるいはたんに**ガバナンス**という用語が使用される機会が多いです。そこで本書でも，基本的にはコーポレート・ガバナンス，あるいはガバナンスという用語を使用することにします。

少し補足すると，ガバナンスの議論は，大規模な株式会社（大企業）を対象とした議論が中心をしめますが，第2章で説明した企業形態に照らしていえば，公企業と公私合同企業のガバナンスも重要です。しかし現在までのと

ころ，コーポレート・ガバナンスをめぐる議論のなかで，公企業や公私合同企業の問題が取り上げられることはほとんどありません。そこで以下では，主に大規模な株式会社（大企業）を対象にして説明していくことにします。

コーポレート・ガバナンスの議論とは，「**企業・会社は誰のものか**」「**企業・会社はどのように統治されているか，あるいは統治されるべきか**」といった問題について考えることです。コーポレート・ガバナンスという用語が新聞，雑誌などのマス・メディアや学者の間で頻繁に使用されるようになったのは1990年代以降です。そのため，用語はもとより問題の捉え方もさまざまですが，ガバナンスの問題は，株式会社の最高経営組織をどのように構成するかという点がポイントの1つになっています。

最高経営組織というのは慣用的な用語法であり，法律上は**会社機関**と呼ばれる株主総会，取締役会などを指します。そしてガバナンスの議論は，これら会社機関をどのように設置するか，そしてそれらの機関にどのような権限を与えるかということを意味します。この点を最初に理解していないと，コーポレート・ガバナンスの議論はわかりにくいので，技術的な面が先行する観はありますが，株式会社機関の説明を先にしておきます。

1.2　株式会社の機関設計

2005年の会社法制定にともない，日本の株式会社の機関設計はかなり自由度が増しました。もっとも簡略化されたケースでは，株主総会以外に取締役を1名選任すれば済みます。しかし，**公開会社**（すべての株式に譲渡制限がある会社以外の会社：株式市場への上場とは異なる点は注意されたい）である場合は，最低3名からなる取締役会を設置する必要があります。

コーポレート・ガバナンスの議論は主に大会社を対象にしているので，ここでは公開会社でかつ会社法でいうところの**大会社**（資本金5億円以上または負債総額200億円以上）に限定して説明していきます。

図表3-1，3-2と3-3は，大会社（大企業）が選択可能な代表的なガバナンスの類型すなわち会社機関の構図を示しています。図表で，**監査**

図表3-1 ▶▶▶ ガバナンスの類型1

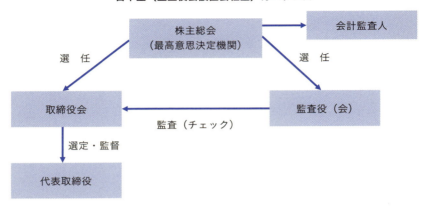

図表3-2 ▶▶▶ ガバナンスの類型2

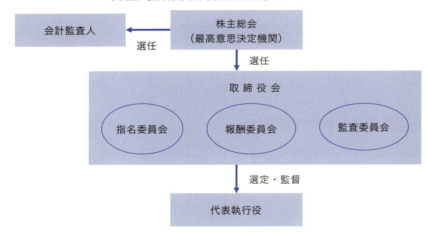

役会設置会社型を日本型，**指名委員会等設置会社**型を米国型と名づけているのは，2005年の会社法制定までは，日本の法律で規定された大会社の機関設計は監査役会設置会社型だったからです。また指名委員会等設置会社型が法的にも認められるようになった背景には，米国型のガバナンスの仕組みを日本に導入しようという考え方がありました。それゆえに，指名委員会等設

図表3-3 ▶▶▶ ガバナンスの類型3

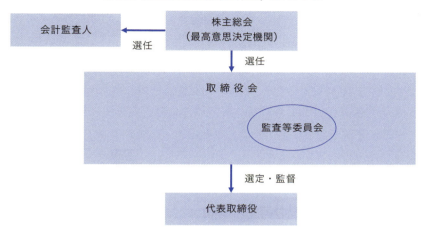

置会社型のガバナンスは，米国型と呼ばれることが多いのです。

なお2014年の会社法改正により，社外取締役の活用促進を目指して，2つの制度の中間形態（折衷型）として監査等委員会設置会社制度が導入されました。

1.3 三権分立とガバナンス

コーポレート・ガバナンスに関連して株式会社の機関設計を説明する際には，国家の**三権分立**の発想がガバナンスにもみられるという説明がしばしばされます。具体的にいえば，以下のとおりです。

① **株主総会**：株式会社の最高意思決定機関であり，国家でいえば立法府（国会・議会）に相当する。
② **取締役会**：株主総会の意思決定の枠組みの中で，会社の実際の経営（業務執行）を行う機関であり，国家でいえば行政府（内閣）に相当する。
③ **監査役会**：取締役会の行う経営が適法であるか否かを監査する機関であ

り，国家でいえば司法機関に相当する。

　こうした三権分立の発想は，監査役会設置会社型により明白にみることができます。指名委員会等設置会社型の場合には，あえていえば，株主総会＝立法府，取締役会＝司法機関，代表執行役・執行役＝行政府とみなすことができるでしょう。このように，監査役会設置会社型，指名委員会等設置会社型と監査等委員会設置会社では，具体的に設置する機関に違いがありますが，複数の機関を設置することで，お互いにけん制あるいはチェックし合うという仕組みになっています。

1.4　株式会社機関の機能と権限

　株式会社には複数の機関を設置し，お互いにけん制・チェックし合う仕組みになっていると述べましたが，個々の機関は具体的にどのような機能・権限を持っているのでしょうか。これに関して，大会社に限定して，監査役会設置会社，指名委員会等設置会社と監査等委員会設置会社に分けて，各株式会社機関の主な機能と権限を示すと，以下のようになります。

1.4.1　監査役会設置会社の場合

① **株主総会**：a．取締役，監査役などの選任と解任，b．会社の基礎的変更に関する事項（定款変更，合併・会社分割，解散など），c．株主の利益に関する事項（株式併合など）など
② **取締役会**：a．業務執行（財産の処分，多額の借入れ，組織の重要な変更など）の決定，b．取締役の業務執行の監督，c．代表取締役の選定と解職
③ **代表取締役**：業務執行を行い，対外的に会社を代表する。
④ **監査役会**：a．監査報告の作成，b．常勤監査役の選定と解職，c．監査方針の決定など：適法性の確認
⑤ **会計監査人**：会社の計算書類（財務諸表など）の監査と会計監査報告作成

なお、図表3-1では、代表取締役までしか表記していませんが、多くの日本企業がその下に執行役員という役員を設けています。この執行役員は、指名委員会等設置会社の**執行役とは異なる**ので注意してください。両者は紛らわしいですが、監査役会設置会社の形態を採用しながら、同時に執行役員という役員名称を使用しており、彼（彼女）たちは会社経営における重要な責任と権限を持っています。

1.4.2 指名委員会等設置会社の場合

① **株主総会**：監査役会設置会社と基本的には同じ。
② **取締役会**：a．委員会メンバーの選定・監督と執行役の選定・監督，b．執行役の業務執行の監督
　ⅰ）**指名委員会**：株主総会に提案する取締役の選任・解任案の決定
　ⅱ）**監査委員会**：a．執行役と取締役の業務執行の監査，b．株主総会に提案する会計監査人の選任・解任案の決定
　ⅲ）**報酬委員会**：執行役などの報酬の決定
③ **代表執行役と執行役**：取締役会により選定され、会社の業務執行の決定と実行を行う。執行役が複数いる場合は、取締役会が代表執行役を選定する。
④ **会計監査人**：監査役会設置会社と基本的には同じ。

1.4.3 監査等委員会設置会社の場合

① **株主総会**：監査役会設置会社，指名委員会等設置会社と基本的には同じ。
② **取締役会**：a．業務執行の決定（監査役会設置会社と同じ），b．代表取締役の選定と解職
　監査等委員会：a．取締役の業務執行の監査（妥当性監査を含む），b．経営評価権限（取締役の選任・解任等に関する意見陳述など）
③ **代表取締役**：業務執行を行い、対外的に会社を代表する。ただし、取締役の半数が社外取締役であるなどの条件を満たせば、業務執行の決定を行う権限も有する。

④**会計監査人**：監査役会設置会社と基本的には同じ。

ここでは，会社法の用語に従い「経営」ではなく**業務執行**という用語を使用しましたが，業務執行とは具体的には，会社財産の処分，多額の借入，重要な人事，支店その他組織の改編など，会社経営のうえで基本的で重要な事項の決定を意味します。会社法では，こうした業務執行は，取締役会あるいは執行役が行い，株主総会はあくまでも，取締役会を構成するメンバーである取締役を選任・解任するという権限を通して，会社の業務執行（経営）をコントロールするという仕組みを想定しています。

1.5 取締役会の形骸化——代表取締役と取締役会の関係

監査役会設置会社の場合，会社の業務執行の決定権限は取締役会が持っていますが，取締役会の決定を実行に移し，また取締役会が定めた大枠のなかで日常的な意思決定，すなわち経営をする役員として**代表取締役**がいます。多くの日本企業では，会長，社長，副社長といった肩書きを持つ人たちが代表取締役である場合が多数です。

図表３－１をみると，取締役会の下に代表取締役が位置していますが，会長や社長という肩書きを持つ代表取締役が，取締役会の下に位置するというのは，奇異に感じるかもしれません。しかし会社法的には，代表取締役は取締役会の業務執行に関する決定を執行（実行）する者であり，その行為は取締役会の監視下におかれることになっています。

こうした法律上の規定があるにもかかわらず，現実には，会長，社長といった代表取締役に株式会社を経営する実質的な権限が集中し，取締役会は代表取締役の提案を形式的に決議するだけの機関になっているのが多くの株式会社の実情です。これを**取締役会の形骸化**と呼びます。こうした状況を改善しようというのが，近年のガバナンスにおける主要な論点の１つになっています。この点は，次の節で改めて説明していきます。

ところで，ガバナンスの類型を説明する場合には，日本型と米国型以外に，

ドイツ型のコーポレート・ガバナンスがあります。その要点は、日本の監査役会設置会社と同様に、司法機関的な性格を持つ監査役会を設置することが法的に要求されている点と、監査役会に執行役（取締役）の任免権があるという点です。そうした点では、ドイツの監査役会は、日本の監査役会よりも強力な権限を有しているといえます。ドイツ以外にも、フランス、オランダなどの欧州諸国や中南米諸国でも、ドイツ型に類似したガバナンスの類型を採用している国があります。

2 コーポレート・ガバナンスの論点

コーポレート・ガバナンスの論点は、おおまかに分ければ以下の2点に集約されます。

① 株式会社は、どのように経営されるべきか：**株式会社機関の仕組み**
② 何のために、コーポレート・ガバナンスを論じるのか：**何のために**

本来ならば、②の「何のために、コーポレート・ガバナンスを論じるのか」ということを明らかにしたうえで、①の「株式会社は、どのように経営されるべきか」という議論がなされるべきでしょう。しかし現実には、**何のために**ということに関してはいろいろな意見が混在したまま、**株式会社機関の仕組み**に関する議論と法整備（会社法制定）が先行してきたのが現状です。

2.1 株式会社機関の仕組みに関する発想

2.1.1 社外の人間によるチェック

すでに述べたとおり、コーポレート・ガバナンスをめぐる議論の背景には、三権分立の考え方があります。すなわち、株式会社に複数の機関(取締役会、

監査役会など）を設置し相互にけん制・チェックし合うことで，株式会社経営の健全性を確保しようという発想があります。しかし現実には，株式会社の機関は，必ずしも十分に機能してきませんでした。

その1つが，さきに述べた**取締役会の形骸化**です。こうした状況を防止するための仕組みは，監査役会設置会社の場合は，監査役会の設置です。とくに，監査役会は3人以上の人間で構成され，かつ，その半数以上は**社外監査役**でなくてはなりません。こうした仕組みを導入した背景には，社外の人間を会社経営に関与させることで経営のチェック機能を高めようという発想があるといえるでしょう。

同じ発想は，指名委員会等設置会社および監査等委員会設置会社にもみられます。指名委員会等設置会社の取締役会に設置される**3委員会**（**指名委員会，監査委員会，報酬委員会**）および監査等委員会設置会社の監査等委員会は，おのおの3人以上の取締役で構成されかつその**過半数は社外取締役**でなくてはなりません。ここでも，社外の人間を会社経営に関与させることで，会社経営のチェックを行おうという発想がみられます。

2.1.2 業務執行の監督と決定・執行の分離

いまひとつガバナンスにおける株式会社の仕組みに関する基本的発想は，**業務執行の監督と決定・執行の分離**を図ることで，経営のチェックを行うというものです。会社法上は，監査役会設置会社の場合には，取締役会が業務執行（経営）の決定と監督を行う機関であり，代表取締役は業務（経営）の執行・実行機関であるとされます。そのため，業務執行の決定と執行・実行を分離する仕組みは完全には確保されていませんが，少なくとも取締役会が代表取締役の業務執行の執行・実行を監督するという形式は保っています。それに対して，指名委員会等設置会社の場合，**取締役会は業務執行の監督機関**であり，代表執行役・執行役が業務執行の決定と執行・実行を行うというように，業務執行の監督と決定・執行の分離が形式的に厳密に確保されています。

業務執行とは会社法上の用語であり，経営学的にいえば**経営上の重要な意**

思決定を意味します。そこで，業務執行の監督と決定・執行の分離とは，**経営の監督と実行を分離する**という発想であると言い換えることができます。コーポレート・ガバナンスにおけるこうした発想は，スポーツにおいて，審判・監督とプレーヤーとは別の人間であるのと似ています。代表取締役あるいは代表執行役が会社経営のプレーヤーであり，取締役会は会社経営のプレーヤーたちが満足のいくプレーをしているかどうかに目を光らせつつ（監督の役割），同時にプレーに反則がないかどうかを判断する審判の役割も果たしているのです。

2.2 「何のために」という議論

2.1で説明したような，法律的技術論あるいは制度論と並行して，コーポレート・ガバナンスをめぐる議論では，「何のために，コーポレート・ガバナンスを論じるのか」という点も重要な論点といえます。この点に関しては，論じる人の立場によっていろいろな問題が提起されていますが，あえて単純化するならば，1）会社の違法行為・不祥事防止，2）会社業績のチェック，

Column　社外監査役と社外取締役

コーポレート・ガバナンスに関して，監査役会設置会社の場合には社外監査役，指名委員会等設置会社と監査等委員会設置会社の場合には社外取締役が，いわば**社外のお目付け役**として役割を果たすことが期待されています。社外監査役とは「過去10年間にその会社または子会社の取締役，執行役，従業員などになったことがない人」を意味し，社外取締役も意味的には社外監査役と同じような人をさします。要するに過去一定期間において，その会社の従業員であったことも経営者（取締役，執行役）であったこともない人です。

こうした社外の人間を会社経営の重要なポストにつけることに関しては，「業界や会社の事情に疎い人間を経営に関与させても意味がない」といった意見や「社長の知り合いが社外監査役や社外取締役に就任するので，チェック機能は期待できない」という意見もあります。たしかにこうした面も否定できませんが，やはり社外の人間が経営に関与するということは，それだけで「良い緊張感」を生み出す効果は期待できるでしょう。

という2つの論点があります。

2.2.1　違法行為・不祥事防止のためのガバナンス

すでに述べたとおり、日本でコーポレート・ガバナンスが意識的に議論されるようになったのは1990年代以降ですが、この時期はいわゆるバブル崩壊後の長期不況の時代であり、企業の違法行為、不祥事が多く発生しました。なかでも、4大証券会社の一角を占めた旧山一證券が、「とばし」と呼ばれる違法行為がきっかけとなり自主廃業（会社清算）にまで追い込まれたのは、もっとも大きな事件でした。

こうした時代背景もあり、コーポレート・ガバナンスをめぐる議論においては、とくに法学的な見地からは、**株式会社の違法行為・不祥事防止**という観点が重視されてきました。実際、2005年の会社法制定後に出版された会社法の概説書の中には「コーポレート・ガバナンスとは、不正行為防止の観点を第一の目的とする」と書いてあるものもあります。

そうした意味では、監査役会設置会社の場合には、監査役会が監査の機能を十分に発揮することが期待されます。監査役会の監査は、取締役の仕事が法令、定款に適合しているかをチェックする**適法性監査**であり、取締役の仕事が会社業績にプラスに働くかどうかを判断する**妥当性監査**の権限を持つか否かに関しては、議論が分かれています。しかしいずれにせよ、監査役会が違法行為をチェックする権限と義務を負うことにはかわりありません。

他方、指名委員会等設置会社と監査等委員会設置会社の監査委員会は、上で述べた適法性監査と妥当性監査の両方の権限を有します。そうした点では、これらの監査委員会は、違法行為・不祥事防止というコーポレート・ガバナンスの目的だけでなく、もう1つの目的である**会社業績のチェック**という目的も果たしているといえます。

2.2.2　会社業績チェックのためのガバナンス

コーポレート・ガバナンスにおける会社業績のチェックという点に関連して、1990年代以降、**株主利益の尊重**という論調が国内でも強くなっています。

ROE（Return On Equity：株主資本利益率あるいは自己資本利益率）といった用語が新聞・雑誌などで使用される機会が増えましたが，これは株主が払い込んだ資本に対してどれだけの利益をあげたかを測る指標であり，株主利益尊重の程度を示すともいわれます。国内でこうした論調が強くなってきたのは，日本企業が海外の金融市場で資金調達する際や，海外の機関投資家が日本企業を評価する際に ROE などの財務指標が注目されるという事情が大きく影響しています。

会社の業績といっても，どの変数に注目するのかに関してもいろいろな意見があり，単純に売上高，利益をさす場合もあれば，**配当，株価上昇**などを意味する場合もあります。ただ，いずれの指標に注目するにせよ，会社の財務的（金銭的）な数値に注目するという点はかわりありません。

また会社業績のチェックという観点からコーポレート・ガバナンスを論じる場合には，第2章で説明した**所有と経営の分離**という現象が背景にあります。具体的にいえば，所有と経営の分離が進んだ大会社（大企業）の場合，代表取締役をはじめとする経営者が，株主から預かった資本を効率的に使って会社経営を行っているかをしっかりチェックする必要がある，ということになります。

以上のように，何のためのガバナンスかということに関しては，違法行為・不祥事防止と会社業績チェックという2つの観点があります。もちろん，この2つの観点がまったく別個のものであるわけではありません。たとえば，食品関連の会社が食中毒や産地偽装という不祥事を起こしたために，売上高・利益が大幅に落ち込み，最悪の場合には倒産にまで追い込まれたケースがありました。これらの事例は，不祥事が会社業績に決定的な負の効果をもたらしたといえます。そうした意味では，2つの観点はまったく無縁というわけではなく，むしろ実質的には深く関連しているといえるでしょう。しかし，どちらの観点に注目しているかを明確にしないと，コーポレート・ガバナンスの議論は無用の混乱をきたします。そのため，これら2つの観点を心に留めておく必要はあるでしょう。

3 利害関係者の多様性とコーポレート・ガバナンス

2で説明したように，コーポレート・ガバナンスをめぐる議論では，「何のために，コーポレート・ガバナンスを論じるのか」ということに関して，「違法行為・不祥事防止」と「会社業績のチェック」の2つの観点があります。会社業績のチェックという観点は，主に株主の立場から株式会社を評価しているといえます。それに対して，違法行為・不祥事防止という観点は，「株式会社は株主のもの」という考え方ではうまく説明できない視点を含んでいます。

3.1 「株式会社は株主のもの」か？

第2章でも説明したとおり，会社法では，会社は株主によって所有されるとみなされています。この場合の「所有」の意味は，1）株主が事業の経営（運営）を支配すること，2）株主が経営によって生じる利益の帰属者になること，という2つであることもすでに説明しました。このように，会社法的な考え方によれば，「株式会社は株主のもの」という見方は，ほとんど自明のこととされています。

また，経済学と経済学の応用分野であるファイナンス論の分野でも，こうした考え方は支配的です。そのため，「企業（会社）とは，資本家によって所有される資本の総体である」あるいは「企業（会社）とは継続的な利益追求を目的とする資本の総体である」などという説明がされます。このように法学および経済学的な見地からは，「株式会社は株主のもの」ということは，疑いようのない事柄であると理解されてきました。

しかし最近では，ファイナンスの分野でも，単純に「株式会社は株主のものである」という発想では済まされないという考えも広まりつつあるようです。また，経営学の領域では従来から，株式会社といえども，単純に株主の所有物とみなすことはできないという考え方をする人が多いです。この点に

関しては，分野によってまた人によって考え方はさまざまであり，単純に結論を導くことはできません。しかし経営学の分野では，「株式会社の究極的な所有者は株主かもしれないが，現実に経営を行うためには，株主以外の**利害関係者**にも配慮しなくてはならない」という共通理解があるといえるでしょう。

3.2 多様な利害関係者

　これもすでに述べたとおり，会社法の視点からコーポレート・ガバナンスを論じる際には，違法行為・不祥事防止の面が優先して論じられてきました。このことは，会社法が「株式会社は株主のもの」という基本的発想に基づきながらも，それとは異なる見解に影響されていることを示しています。

　すでに述べたとおり，会社が違法行為・不祥事を起こせば，業績も悪化し，最悪の場合には倒産・会社清算にまで追い込まれます。また業務上横領のような不祥事は泥棒と同じ違法行為です。そうした点では，株主の観点からしても，会社の違法行為・不祥事を防ぐ手立てを講じておくことは理にかなっています。

　しかし，違法行為・不祥事防止という観点からコーポレート・ガバナンス

Column　「会社は誰のものか」ではなく「誰が会社に貢献しているか」

　「株式会社は株主のものか」という問いについては，いろいろな意見があることは，本文でも述べたとおりです。これに関して「誰のものか」という問いの立て方ではなく，「誰が株式会社の発展に貢献しているか」という問い方にすると，異なる側面がみえてきます。

　会社法では，株式会社は株主の出資した資本を元手にして経営されますから，株主がその究極的な所有者であるとみなします。しかし，**知識資本主義**という言葉があるように，現在では，資本・資金にもまして，知識・ノウハウが，より大きな収益・利益を生み出す源泉になっているといわれます。それゆえに，有力な知識・ノウハウを持った経営者や従業員は，株式会社の発展・利益獲得におおいに貢献しているといえます。このように考えれば，経営者や従業員も，株主と同等以上に株式会社の発展に貢献しているといえるのです。

を議論する背景には，**多様な利害関係者**の存在が意識されています。利害関係者とは**ステークホルダー**（stakeholder）と呼ばれる場合もありますが，どちらの用語を使用するにしろ，なんらかの側面で会社経営に関係する人間を指します。具体的にいえば，株主をはじめとして，経営者，従業員，消費者・顧客，債権者，納入業者，販売業者，自治体・政府などを意味します。

会社を経営する過程では，これらの利害関係者といやおうなしにかかわりを持たざるをえません。とくに，大会社（大企業）の場合は，違法行為・不祥事を引き起こすと，その影響をこうむる利害関係者の数は非常に多く，またそのダメージも大きくなります。そのため，「会社は株主のものか否か」という議論とは別に，会社とくに大会社（大企業）は，現実として多くの利害関係者の生活に影響を与えるので，株主以外の利害関係者にも配慮しなければならないという考え方になるのです。

3.3　公企業のガバナンス

話題は少しそれますが，ガバナンスの議論は株式会社を主要な対象としているという点は，すでに述べたとおりです。しかし第2章で説明したとおり，企業には株式会社よりも公共性の高いものがあります。それは，**公企業**，公

図表3−4 ▶ ▶ ▶ 利害関係者と企業

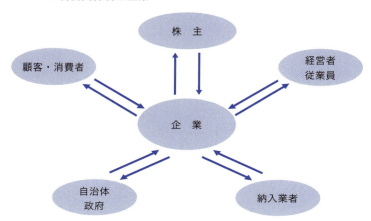

私合同企業（第3セクター）です。これらの企業は，その設立からして「公共の福祉向上」を目的としており，国や地方自治体が企業の出資者（所有者）であるということは，突き詰めれば国民あるいは特定地域の全住民が企業の所有者ということになります。そうした点では，公企業の統治・ガバナンスこそ，もっと盛んに議論され，具体的な立法措置などがとられるべきでしょう。

4 企業の社会的責任に関する考え方の変遷

ここまでの説明からも推測できるように，コーポレート・ガバナンスの議論は，**企業倫理**あるいは**企業の社会的責任**（Corporate Social Responsibility：以下では適宜「**CSR**」と略す）といった問題とも密接に関連しています。とくに「違法行為・不祥事防止のためのガバナンス」という側面は，企業の社会的責任そのものであるといってよいでしょう。

4.1　1960年代～1970年代

経営における倫理あるいは社会的責任という問題意識は，1960年代頃からあったということができます。次頁のコラムでも紹介するように，経営学の歴史をみれば，それ以前から，企業倫理あるいはCSRに関する意識はありましたが，これらの問題が社会的に大きな関心を呼んだのは，1960年代以降といえます。

その直接のきっかけとなった事柄といえば，**公害問題**が非常に大きかったのです。また**消費者運動**もこの時期に盛んになり，**生活協同組合**（いわゆる「**生協**」）などの**消費生活協同組合**が数多く設立されたのも，この時期です。

この時期の基本的な考え方あるいは発想の転換は，ひと言でいえば，「**生産者主権から消費者主権へ**」ということになります。日本の場合，第2次大戦敗戦以降，戦後復興と高度経済成長の時期は「**経済至上主義社会**」であっ

たということがいえます。すなわち，「経済的に豊かになることが，すべての人々にとって良いことである」という発想のもと，企業の経済活動は何ものにも優先されるという時代風潮でした。そうした風潮があったからこそ，世界の国々が注目する驚異的な戦後復興を成し遂げたといえます。しかしその過程において企業は，公害に代表される大きな社会問題を引き起こした結果，一転して人々から非難を受けることになりました。ここに至り，「生産者（企業）が社会の主権者ではなく，消費者こそが主権者である」という，市民社会の基本原則が改めて意識されるようになったのです。

4.2 1980年代以降

　1980年代後半はいわゆるバブル景気と呼ばれる時代であり，拝金主義的な風潮がみられました。そのためこの時期には，企業倫理あるいはCSRに対する関心は概して低かったといえます。しかしこの時期にも，好景気であるがゆえに，リクルート事件のような大規模な贈賄事件が社会問題となったという事実はあります。

　こうした1980年代後半の拝金主義的な傾向は，1990年のバブル崩壊とともに影をひそめ，ふたたび企業経営のあり方に対して世間の目が厳しくなっていきました。1990年代末に「ネット・バブル」と呼ばれる現象も一時期見られましたが，それは1980年代のような大きなうねりとまではならず，

Column　CSR論の起源

　経営学の中でCSRが主要な研究領域として確固たる地位を占めるようになったのは，1990年代以降といえます。しかし経営学の歴史を振り返ると，もっと古い時代から経営における倫理，CSRあるいは道徳の問題は意識されていました。

　たとえば，第1章で紹介したバーナードの『経営者の役割』（1938年）では，経営者の道徳性が強調されています。また日本では，2年で廃刊になってしまいましたが，大正期末から昭和初期にかけて『企業と社会』という書名の雑誌があり，今日でいうところのCSRに関する研究が蓄積されていました。

むしろ1990年代の日本は「失われた10年」と呼ばれるような，経済の長期停滞期に入りました。この時期は，GDP成長率などの経済指標でみた経済活動は停滞あるいは後退しましたが，企業倫理，CSRに関しては，むしろ研究，実務の両面において進歩した時期といえるでしょう。その際たるものが，1991年に経団連が発表した**企業行動憲章**です。

2000年代に入ってからは，景気回復がいまひとつ力強さを欠いていたため，企業経営に関しても，慎重さや地道さが目立ちましたが，社会的には格差拡大などが，社会問題として注目されるようになっています。これに関しては，企業側もパートタイマーの正社員化などの施策を講じつつありますが，いずれにせよ，企業倫理，CSRは，企業経営とくに大会社（大企業）の経営を考える場合には，「避けて通れない課題」あるいは「当然，考慮しなくてはならない課題」になったといえます。

2000年代に入ってからの企業倫理，CSRの特徴の1つとしては，**環境問題**に対する社会的意識の高まりに対応して，企業経営においても，環境問題への取り組みが重要な意味を持つようになったという点が挙げられます。この点に関しては，ゴミの分別，リサイクル活動など，一般の生活においても実感できることでしょう。

5　企業倫理，CSRの考え方

企業倫理あるいはCSRという言葉が何を意味するかについては，漠然とした共通認識はありますが，それを厳密に定義するとなると難しく，さまざまな定義があるのが現実です。また，言葉ひとつをとっても，企業の社会的責任という言葉は1960年代頃から使われてきましたが，1990年代は企業倫理という言葉のほうが使用頻度は高く，それが2000年代に入ってからは，ふたたび企業の社会的責任（CSR）という用語が頻繁に使用されるようになりました。

5.1　企業倫理の考え方

いま述べたとおり，企業倫理あるいは CSR の概念を定義するのは難しいですが，企業倫理研究者の間では，企業倫理とは以下のように理解されているといえます。

① 個人の道徳規範を企業の活動や目的に適用すること
② 特殊な道徳規範ではなく，「企業の経営活動に固有な諸問題に，いかに道徳規範を考慮して対処するか」ということ

そして具体的には，以下のような領域に区分されます。

① **法律の順守**：コンプライアンスの問題
② **法律の範囲を越えた，経済的・社会的問題に関する選択**：利害関係者との利害調整

簡単にいえば，経営を行う過程で，法律，条例などの明文化された規範・規則をきちんと守るということがまずあげられます。近年は，**コンプライアンス**という用語がしばしば使用されますが，要するに，法律・規則を順守しながら経営を行うということです。この問題は，実際に法律順守を確保する仕組み作りに関しては，いろいろなアイディアがありえますが，問題それ自体に関してはほとんど議論の余地がないでしょう。

他方，②の**法律の範囲を越えた，経済的・社会的問題に関する選択**に関して利害関係者との利害調整を図るという領域の問題は，問題それ自体に関して，いろいろな見解が示される可能性があります。たとえば，以下のような問題が想定されます。

① 製造工程で使用しているある物質は，現在の法律では使用は禁止されていないが，人間の精神に軽い障がいを引き起こす可能性があるとする。このような場合，現在の法律では禁止されていないから，この物質を使用し続け

ても良いと考えるか、あるいは倫理的な観点から自発的にその使用を中止すべきか。

②日本には企業城下町と呼ばれる町や市が数多くある。企業城下町とは、その地域の経済が特定の企業に大きく依存している地域を指し、大企業の工場周辺に形成される場合が多い。こうした地域では、従業員や関連会社だけでなく、小売店、飲食店や地方自治体なども、その企業・工場に経済的に大きく依存している。企業の業績が悪化した場合、国内工場を閉鎖して海外に生産拠点を移すことは、経済的には合理的かもしれない。しかし、企業城下町の工場を閉鎖した場合、それは単に一企業の問題に留まらず、地域経済全般に影響を及ぼすことになる。

こうした問題は、規模の大小にかかわらず企業の経営に付随して発生する問題です。とくに、法律のような明文規定がない事柄に関しては、人間の多様な倫理観、道徳観あるいは価値観に基づいて議論されることになり、簡単には議論の決着はつきません。

しかし少なくとも現在では、コンプライアンスは当然のこととして、それ以外の問題に関しても、企業はより倫理的な判断を求められているのが、現状といえるでしょう。とくに大企業・大会社に対しては、倫理的な経営姿勢が求められているといえます。これは、論理的に説明される問題というよりは、一種の時代風潮あるいは時代の価値観として、一般の人々も企業経営者も、企業経営における倫理性を当然視しているといえるでしょう。

5.2　CSRの考え方

企業倫理と同様に、企業の社会的責任（CSR）の概念も、人によってさまざまな理解があり、統一的な定義があるわけではありませんが、以下のような内容を含んでいるといわれます。

①経営のプロセスにおいて、社会的な公正さと倫理性を確保すること
②環境問題、人権などの問題にも配慮すること

③多様な利害関係者（ステークホルダー）に対する説明責任（アカウンタビリティ）を果たすこと

　CSRを理解するためには，さらに3つの局面に分けて考えることができます。それを要約したのが，**図表3－5**です。
　この図表について少し補足説明すると，**経営活動それ自体にかかわるCSR**とは，欠陥製品を作らないようにする，あるいは欠陥が発見された場合には，迅速にリコールの手続きをとるなどのように，企業倫理でいえば**法律の順守**という側面を含みます。しかしそこでは，たんに法律を順守するだけでなく，経営活動においてより良い方法を採用すべきであるという考え方があります。**企業市民**という言葉も，こうした考え方を反映しています。
　社会的事業とは，事業自体が社会的に意義のあるものを意味します。**フェア・トレード**（コラム参照）は，社会的事業の代表例といえるでしょう。これと関連して，**社会的企業**（**ソーシャル・エンタープライズ**：Social Enterprise）という概念もありますが，これは，社会的意義の高い事業を行う企業を意味します。
　さらに，**社会貢献活動**とは，企業が，経済・経営とは直接関係のない活動を支援することを意味します。具体的には，奨学金のために財団や学校へ寄付をすることや，企業が保有する病院その他の施設を地域に開放することなども含まれます。

図表3－5 ▶▶▶ CSRの3つの領域

CSRの下位領域	基本概念と具体的な課題例
経営活動それ自体にかかわる問題	・経営活動のプロセスにおいて，公正さと倫理性を確保すること ・製品・サービスの質の維持，採用・昇進における男女差別の撤廃，工場におけるゼロ・エミッションなど
社会的事業	・社会的に意義のある事業を推進すること ・省エネルギー型製品の開発，高齢者・障がい者を活用した新事業など
社会貢献活動	・経営資源を生かした，社会の諸活動の支援 ・金銭的な寄付，施設の地域開放，従業員のボランティア休暇など

出所：谷本寛治［2006］『CSR』NTT出版，69頁をもとに作成。

社会的公器という言葉がありますが，これは，企業とくに大規模な株式会社は，「株主の単なる私有物ではなく，多様な利害関係者に影響を及ぼす公的な機関である」という発想にたっています。この点はすでに本章の中でいくどか説明したところですが，企業を社会的公器とみなす立場からすれば，企業経営を行うためには，単に利益だけでなくさまざまな責任が求められるということになります。

5.3　企業倫理と CSR

ここまで説明してきたとおり，企業倫理と CSR は密接に関連しています。これら2つの概念をどのように整理するかに関して定説はありませんが，図表3－6のような整理は，われわれの理解の助けになるでしょう。

6　企業倫理，CSRを実現する方法

ここまでの説明でもわかるように，現在では，企業倫理あるいは CSR は，理念的あるいは抽象的なレベルで議論されるべき問題ではなく，企業経営を行ううえで，当然のように考慮しなくてはならない課題になっています。むしろ，いかにして企業倫理や CSR を実践するかという，具体的方法に関心が向いているといえます。

Column　フェア・トレード（Fair trade）

発展途上国の商品・製品を，適正な価格で購入することで，途上国の生産者や労働者の生活改善と経済的自立を支援する運動。第2次大戦後，東欧の経済復興のため手工業品の輸入を行ったのがフェア・トレードの始まりといわれ，日本では，1986年に㈱プレス・オルターナティブの「第3世界ショップ」が始まりました。1990年代以降，日本でも多くのフェアトレード・ショップが生まれ，2003年からは，スーパーのイオンがコーヒーの仕入れ・販売でフェア・トレードを実践しているといわれます。

図表3-6 ▶▶▶ 企業倫理とCSRの関連

	経営プロセスそれ自体	周縁的活動
法律・規則の順守	経営諸活動におけるコンプライアンス	障がい者雇用など
法律・規則を超えた利害調整	社会的事業、エコロジカルな製品開発、ファミリー・フレンドリー施策など	いわゆる「社会貢献活動」

　本章の前半で説明したコーポレート・ガバナンスに関する会社機関の設計（監査役会の設置，社外取締役の選任など）も，企業倫理やCSRを実現する施策の一環とみなすことができます。日本企業の中には，それ以外にも，企業倫理を確保するための制度を築いている例があります。

6.1 企業倫理にかかわる制度

　日本企業，とくに大企業では，企業倫理を確保するための制度が何らかの形で導入されている例がほとんどです。ここでは，それらの制度の主要な要素をあげておきましょう。

① **倫理綱領**の制定：企業によって，**行動基準**，**企業行動憲章**など多様な名称が使用されているが，企業倫理に関する基本的な考え方を明文化したものを意味する。
② **倫理委員会の設置**：仕事上の役割・職位とは別に，企業倫理に関する委員会を設置すること。この委員会の委員長は，代表取締役社長など，企業のトップ・マネジメントが就任する例も多い。
③ **罰則規定の明文化**：社内の罰則規定を明文化すること
④ **研修の実施**：業務に関する研修とは別に，企業倫理に特化した研修を実施すること
⑤ **啓蒙・情報発信**：社内報の一部あるいはそれとは別に，企業倫理に関する啓蒙活動の一貫として，印刷物あるいはメールによる情報発信を行うこと。**法令違反のケース集**を作成して配布することなども，ここに含ま

れる。

⑥ **ホット・ラインの設置**：企業内の不正に関して，**内部告発**できる仕組みを作ること。これは，社外の法律事務所などに窓口を設けるとより実効性が期待できる。

　企業倫理の推進体制を，イメージ図として描くと**図表3－7**のようになります。この図は，普通の会社の組織図とほぼ同じです。しかし，各職場の倫理委員は，必ずしもその職場の最上位の管理者（事業部長，部長など）である必要はありません。この点が，普通の会社組織図とは異なる点です。

　企業内の不正・不祥事は，通常の仕事を行う過程で生じることがほとんどです。そのため，日常業務を網羅するような方法で企業倫理推進体制を築く必要があります。それゆえに，本格的に企業倫理推進体制を整備しようとすれば，このイメージ図のような大掛かりなものになります。

6.2　道徳・規範の内面化

　6.1で説明したような企業倫理推進体制は，企業倫理あるいはCSRを実現するための**仕組み**あるいは**枠組み**です。企業は，**6.1**で説明したような仕組みを，すべてとはいわないまでも，選択的に導入する必要があります。

　しかし，こうした仕組みあるいは枠組みを作ることが，企業倫理あるいはCSRの目的ではありません。こうした仕組みを作ることの究極の目的は，**道徳・規範の内面化**です。道徳・規範の内面化とは，罰則や倫理に関する仕組みがなくとも，倫理的な判断が自然と身につくことです。これは，**社会化**（socialization）ともいわれます。

　人間は，成長する過程において，家庭，学校，友人関係などを通して，社会的に認められる道徳や規範を徐々に身につけていきます。「他人の物を盗まない」「暴力を振るわない」などの規範は，すべての人間に身についているとはいえないまでも，大多数の人間には当然のこととして身についています。このように，ごく自然に社会的に認められる道徳や規範が身につくこと

図表3−7 ▶▶▶企業倫理推進体制のイメージ図

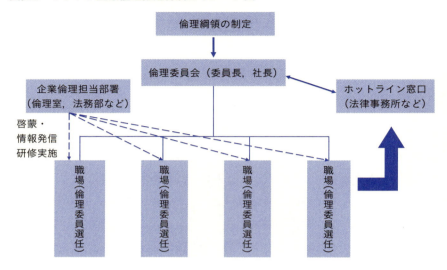

（内面化されること）を「社会化」というのです。

　このように説明すれば，企業倫理の推進体制を整備することの目的は，「道徳・規範の内面化」あるいは「社会化」であるということは，簡単に理解できるでしょう。こうした道徳・規範の内面化すなわち社会化は，一朝一夕にできることではありませんが，経営学の概念，用語で説明すれば，**組織文化**と**リーダーシップ**が大きく影響してきます。それぞれについては，後の章で説明しますが，簡単にいえば，組織文化とは，組織メンバー（従業員）の間で共有されている価値観や規範を意味します。他方リーダーシップとは，組織メンバー（従業員）の態度，行動が一定の目標・方向に向けられるように影響力を発揮するということができます。繰り返しになりますが，企業内の仕組み，枠組みも重要ですが，その中で働く人間が企業倫理あるいはCSRを内面化することが肝要なのです。

Column SRI (Socially Responsible Investment)

　個人や機関投資家（生命保険会社など）が株式会社に投資する（簡単にいえば，株を買うこと）場合，利益や売上高といった財務的な数値を判断基準として，配当が多いか株価が上昇しそうな会社を選ぶのが普通です。しかし近年，本章で説明した CSR の考え方が世の中に広まってきた結果，会社に投資する際に，収益性（利益など）だけでなく，会社の CSR 達成度にも注目して投資を行うという考え方が広がっています。これを，SRI といいます。

　SRI の場合，「軍需産業に関与していない」「人権侵害をしていない」などの CSR 項目に関する評価と，売上高，利益，株価の上昇率など財務面の評価の双方を考慮して，投資先会社を選定します。言い換えれば，「CSR か利益か」ではなく「CSR も利益も」という観点で，投資先の会社を選ぶという発想です。

Working　　　　　　　　　　　　　　　　　　　　　　調べてみよう

1. 現在の日本の会社法の規定では，どのような会社機関設計の選択肢が認められているか，調べてみよう。
2. 興味のある株式会社をいくつか選び，その会社が本書で説明した 3 つの株式会社機関のうち，どの機関設計を採用しているか調べてみよう。
3. 2000 年に発生した食中毒事件以降，旧雪印乳業㈱がどのような変遷をたどったか調べてみよう。

Discussion　　　　　　　　　　　　　　　　　　　　　議論しよう

1. 新興国を 1 つ選び，その国に日本企業が進出した場合，現地採用した従業員に支払うべき給与の水準はどれくらいが妥当であるか，議論してみよう。
2. 企業が賞味期限を示すラベルをつけかえることは，現行の法律では「違法行為」とはいえません。この点を踏まえたうえで，賞味期限ラベルのつけかえという行為が認められるか否かについて議論してみよう。

▶▶▶さらに学びたい人のために

- 岡本大輔・梅津光弘［2006］『企業評価＋企業倫理　CSR へのアプローチ』慶應義塾大学出版会。
- 小林俊治・百田義治編著［2004］『社会から信頼される企業』中央経済社。
- 田中一弘［2014］『「良心」から企業統治を考える』東洋経済新報社。
- 谷本寛治［2014］『日本企業の CSR 経営』千倉書房。

参考文献

- 伊丹敬之［2000］『日本型コーポレート・ガバナンス』日本経済新聞社。
- 今津泰輝［2014］『会社法のしくみ（第 2 版）』中央経済社。
- 岩井克人［1994］「企業経済論と会社統治機構」『商事法務』No.1364, 7-11 頁。
- 梅津光弘［2002］『ビジネスの倫理学』丸善。
- 江頭憲治郎［1994］「コーポレート・ガバナンスを論ずる意義」『商事法務』No.1364, 2-7 頁。
- 江頭憲治郎［2017］『株式会社法（第 7 版）』有斐閣。
- 大平浩二［2009］『ステークホルダーの経営学』中央経済社。
- 大村敬一・増子信［2003］『日本企業のガバナンス改革』日本経済新聞社。
- 神田秀樹［2017］『会社法（第 19 版）』弘文堂。
- 菊澤研宗［2004］『比較コーポレート・ガバナンス論』有斐閣。
- 小林俊治［1991］『経営環境論の研究』成文堂。
- 小林俊治・齊藤毅憲編著［2008］『CSR 経営革新』中央経済社。
- 高橋俊夫編著［1995］『コーポレート・ガバナンス』中央経済社。
- 高橋俊夫編著［2006］『コーポレート・ガバナンスの国際比較』中央経済社。
- 谷本寛治［2003］『SRI　社会的責任投資入門』日本経済新聞社。
- 谷本寛治［2006］『ソーシャル・エンタープライズ』中央経済社。
- 谷本寛治［2006］『CSR』NTT 出版。
- 中村瑞穂編著［2003］『企業倫理と企業統治』文眞堂。
- 日本経営倫理学会編［2008］『経営倫理用語辞典』白桃書房。
- 浜辺陽一郎［2006］『図解新会社法のしくみ』東洋経済新報社。
- 森本三男［1994］『企業社会責任の経営学的研究』白桃書房。
- The American Law Institute［1994］*Principles of corporate governance*.（証券取引法研究会国際部会訳編［1994］『コーポレート・ガバナンス』日本証券経済研究所）
- Nash, L. L.［1990］*Good intentions aside: A manager's guide to resolving ethical problems*, Harvard Business School Press.（小林俊治・山口善昭訳［1992］『アメリカの企業倫理』日本生産性本部）

第 II 部

戦略の形成

第4章
経営理念，目的と戦略

第5章
企業戦略

第6章
競争戦略と事業システム

第4章 経営理念，目的と戦略

第Ⅱ部●戦略の形成

Learning Points

▶この章では，経営理念，ビジョン，経営哲学，ミッションなど概念を学びます。これらの言葉・概念は，経営を行うための基本的な考え方，価値観，規範を意味し，経営に大きな影響を及ぼします。

▶また，企業・組織の目的（目標）についても学びます。利益は，株式会社のもっとも重要な目的ですが，利益だけを目的とみなすことはできません。

▶さらに，戦略の基本概念について学びます。戦略とは，経営理念と目的を実現するための経営の基本的な方向性に関する考え方を意味します。

Key Words

ビジョン　多元的目的論　コーポレート・ステートメント　ドメイン
創発的戦略

1 経営理念とビジョン

　この章の標題には経営理念という用語を使用しましたが，これと似た言葉には，**企業理念**，**ビジョン**，**ミッション**，**経営哲学**，**フィロソフィー**などの言葉があります。これらの言葉は，あまり厳密に区別することなく使用される場合が多いので，ここでも，これらの言葉は同じ意味であるという理解で説明を進めていきます。

　経営理念・ビジョンとは，**経営を行うための基本的な考え方，価値観，規範**などを意味し，抽象的に表現される場合が多くあります。しかしそれらを具体的に把握する方法はあります。

　その1つは，**社是・社訓**などと呼ばれるものを確認することです。これは小さな会社であっても，会社の社長室などに揮毫され額縁に入っている場合もあります。また，会社案内の冒頭には，大抵の場合「わが社の経営理念」

あるいは「当社のビジョン」というような表題のもとに，その会社の経営理念が記載されています。ちなみに，少し古い調査では，日本の大企業の社是・社訓に使用されている言葉として「貢献」「発展」「創造」「向上」「信頼」「奉仕」などの言葉が上位にランクされていました。

さらに最近では，ほとんどの企業・組織はホームページを作成しています。それらのホームページを見ると，その企業・組織の経営理念やビジョンが記載されているケースが多いです（具体的な内容に関しては，次頁コラム参照）。

こうした文字にした経営理念やビジョンに対しては，「そんなものは，お題目にすぎない」という批判も聞こえてきそうです。たしかに「社会への奉仕」などという言葉を社訓に掲げつつ違法行為をしている会社はありえます。しかし，こうした経営理念やビジョンが，実際の経営にどれだけ影響を与えているかを数字で測定することはできないにしても，多くの企業・組織が，こうした理念やビジョンを文字として表現していることは，紛れもない事実です。

また，コラムにあるトヨタ自動車の例をみればわかるように，経営理念やビジョンには，第3章で説明したCSR，企業倫理を意識した内容も含まれています。大企業の場合，全般的な経営理念とは別に**倫理綱領（行動基準）**を作成している例も多いのですが，経営理念の中に倫理綱領的な内容を盛り込んでいるケースもみられます。ちなみにトヨタの場合は，経営理念とは別に倫理綱領（「CSR理念」という表現をしていますが）を作成しています。

さらに経営理念・ビジョンには，これも第3章で説明した利害関係者・ステークホルダーへの配慮という視点も反映しています。トヨタの経営理念をみても，顧客，従業員，地域社会・社会全般を意識して経営理念が表明されていることが分かるでしょう。表現を変えれば，経営理念とは**企業・組織を取り巻く利害関係者・ステークホルダーに対する所信表明**のようなものであるということもいえます。

> **Column**　　**トヨタの経営理念**

　企業や組織によって使用する言葉はまちまちですが，多くの企業・組織では経営理念・ビジョンが明確な言葉で語られています。たとえばトヨタ自動車の場合は，以下のような経営理念（企業理念）を掲げています。

1. 内外の法およびその精神を遵守し，オープンでフェアな企業活動を通じて，国際社会から信頼される企業市民をめざす
2. 各国，各地域の文化，慣習を尊重し，地域に根ざした企業活動を通じて，経済・社会の発展に貢献する
3. クリーンで安全な商品の提供を使命とし，あらゆる企業活動を通じて，住みよい地球と豊かな社会づくりに取り組む
4. 様々な分野での最先端技術の研究と開発に努め，世界中のお客様のご要望にお応えする魅力あふれる商品・サービスを提供する
5. 労使相互信頼・責任を基本に，個人の創造力とチームワークの強みを最大限に高める企業風土をつくる
6. グローバルで革新的な経営により，社会との調和ある成長をめざす
7. 開かれた取引関係を基本に，互いに研究と創造に努め，長期安定的な成長と共存共栄を実現する

　この例に限らず，企業の経営理念であっても，利益追求だけでなく「法や規則を順守しつつ世の中に役立つ製品・サービスを提供すること」といった内容を含むケースが多いようです。

資料：http://www.toyota.co.jp/jpn/company/vision/philosophy/（2014年8月28日参照）

2　コーポレート・ステートメント

　経営理念・ビジョンなどで表現される内容は，箇条書きで何項目かに及ぶ場合が多いといえます。（トヨタのケースも7項目である）。こうした経営理念・ビジョンよりも簡潔に企業・組織の基本的な価値観や方向性を示す標語が，**コーポレート・ステートメント**あるいは**コーポレート・スローガン**などと呼ばれるものです。これはいわば経営理念・ビジョンのキャッチ・コピーのようなものです。日本企業の最近の例をいくつかあげると，以下のようなものがあります。

●**トヨタ自動車**	笑顔のために。期待を超えて。
●**ホンダ自動車**	The Power of Dreams
●**日産自動車**	人々の生活を豊かに
●**パナソニック**	A Better Life, A Better World
●**東芝**	人と、地球の、明日のために
●**日立製作所**	Inspire the NEXT

出所：各社ホームページを参照。

　これらは，経営理念・ビジョンに比べると，より感覚的に消費者，投資家などに対して，企業・組織の経営の方向性あるいはイメージを訴えかけており，よりマーケティング的な志向性が強いといえます。さきほど「キャッチ・コピー」という言い方をしましたが，テレビ番組の合間に流されるコマーシャル（広告）の最後に，このコーポレート・ステートメントがナレーションされたり文字やロゴだけ写し出されたりするのを記憶している人もいるでしょう。そうした点で，個別の製品・サービスではなく企業・組織全体の「宣伝文句」（古い言葉ですが）ということがいえるでしょう。

　ところで，上で示したコーポレート・ステートメントの例は，どちらかといえば感覚に訴える傾向が強いですが，必ずしも常にそうした内容ではありません。経営の具体的な方向性（後で説明する経営戦略）を，象徴的な表現で示している場合もあります。たとえば，NEC（日本電気）は，以前は「C & C」というコーポレート・ステートメントを使用していましたが，これは「コンピュータ（Computer）と通信技術によるコミュニケーション（Communication）の融合」という，企業が行う事業の基本的方向性を示していました。

　このように，経営理念・ビジョンが，どちらかといえば「訓辞のような価値観・規範」を示すのに対して，コーポレート・ステートメントあるいはコーポレート・スローガンは，キャッチ・コピー的に企業・組織のイメージを表明したものといえます。こうした違いはあるものの，経営の基本的な方向性，価値観，規範などを提示している点は変わりありません。

3 企業・組織の目的

　前節まで説明したように、経営の成功にどれだけ寄与しているかは正確に測定できませんが、多くの企業・組織には経営理念あるいはビジョンが文章として明確化されている場合が多くあります。経営に関しては、経営理念・ビジョン、経営哲学などと似た概念に「目的」というものもあります。ここでは目的についても説明しておきます。なお、ここでは目的と**目標**は同じ意味として使用することとします。

　経営理念やビジョンは、その内容は抽象的とはいえ、企業のホームページを見れば比較的容易に探し出すことができます。これに対して、「企業の目的」を具体的に探すと、意外と見つけにくいものです。しかし有価証券報告書あるいはアニュアル・リポートの記述を丹念に読んでいくと、その年度の売上高、利益額などの予想額が示されており、これらは企業の目的とみなすことができます。また、企業のトップ（社長や会長）が、投資家あるいはマスコミ向けの説明において、売上高、利益額などの当該年度あるいは中長期的（3〜5年先）な目標額を表明することもあります。

　そんなまわりくどい説明をしなくても、「企業の目的は**利益極大化**ではないか」と考える人もいるでしょう。こうした考え方は誤りではありませんが、現実の経営を考えた場合、必ずしも正確ではありません。まず厳密な議論はおいておくとして、現実には「利益極大化」はほとんど不可能であり、実際に経営者が意思決定する際の判断基準にはなりえません。また、第3章で説明した、CSR・企業倫理の発想および多様な利害関係者・ステークホルダーの存在を考慮にいれると、利益だけが目的であると断言することはできません。

　たとえば、CSRの観点からすれば、企業は短期的には利益を圧迫することになっても環境対策を講じる必要があると考えるのが、昨今の風潮です。このように、企業の場合でも利益が唯一の目的ではなく「CO_2削減」といった**環境対策上の目的**も同時に設定されることになります。

また，多様な利害関係者・ステークホルダーを考慮した場合，株主（投資家）以外の者にとっては，利益はもっとも重要な目的（利害）ではありません。たとえば，債権者にとっては，利子と元本の返済が大事であって，極論すれば，それらの支払いが滞らなければ，利益が出ていなくても，問題ないのです。また従業員にとっても，給料さえしっかり支払われていれば，利益が出ていなくても当面は構わないということです。そうした意味では，利益よりもむしろ**売上高**（**収益**）のほうが，多様なステークホルダーにとっては重要な目的ということがいえます。

　もっとも，企業とくに株式会社の場合，赤字の状態が続けば企業の存続自体が危機に陥るという意味で，当然利益は重要な目的でしょう。しかしここで強調しておきたいのは，現実の企業を想定した場合，利益以外の多様な目的も考慮に入れながら経営を行わなければならないということです。経営学では，こうした事柄を**多元的目的論**などといいます。

4　経営理念，目的と経営戦略の関連

　ここで少し話を先取りすると，あえて割り切って説明すれば，「経営理念・ビジョン　→　目的　→　経営戦略」という階層を想定することができます。具体的にいえば，「高品質の製品・サービスの提供をとおして社会に貢献する」というような表現で，経営理念・ビジョンが示されます。そうした経営理念・ビジョンを踏まえて，より具体的な経営上の目的・目標値が掲げられます。たとえば，「ROE（株主資本利益率）を向こう3年以内に7％以上にする」「売上高を201X年までに3割増やす」などと表現される場合が多いのです。さらに，以上のような経営理念・ビジョンと目的を実現するために，より具体的な経営戦略が立てられます。たとえば，リストラクチュアリング（事業構造の再構築戦略）が採用され，不採算事業が切り捨てられるかもしれません。これも話題の先取りになりますが，経営戦略の重要な意思決定事項は「**事業の組合せ**」（**事業構造の決定**）です。

企業を念頭において，単純化して説明すれば以上のようになりますが，実態はもう少し複雑です。まず，企業の主要な目的が利益あるいは売上高であることは間違いありませんが，さきに述べたとおり，CSR，企業倫理の視点と多様なステークホルダーの存在を加味すれば，企業にはそれ以外の目的もあります。たとえば，従業員にとっての目的として「給与の支払い」以外にも「やりがいのある仕事の提供」といった漠然としたものも含まれてきます。また地域社会や社会一般を想定して目的を設定しようとしても，「良き企業市民であること」というような，非常に曖昧で理念的な内容にならざるをえません。このように，経営理念と目的を厳密に区別することは難しい面があります。

　企業以外の組織一般を考えた場合にも，具体的な目的を設定することは可能であり必要なことでしょう。たとえば，環境問題に取り組む組織の場合「リサイクルで再利用したペットボトルの数」などを目標値として掲げることはできます。しかし，教育，医療，福祉，環境問題，消費者保護などに関連する問題解決に取り組む組織の場合，単に数値目標を設定してその達成を目指すということではなく，問題解決の質や理念などが企業以上に重要になってきます。そうした意味で，企業以上に経営理念と目的の区別は難しい場合が多いのです。

　さらにやっかいなのは，経営戦略にも経営理念的な要素が少なからず含まれているという点です。この点は，次節で説明していきます。

　ここまでの説明とこの後の説明を整理して図表化すると，**図表4－1**のようになります。これまで説明したとおり，経営理念・ビジョン，目的，ドメインと経営戦略は明確に区別しにくい面もありますが，あえて図式化すればこの図のような整理ができます。

5　ドメインと経営戦略の概念

　前節まで説明してきたように，明確には区別できない面もありますが，企

図表4-1 ▶▶▶▶経営理念，目的，ドメインと経営戦略

業・組織の経営理念や目的を実現する基本的な方法あるいは方向性を示すのが経営戦略であるという点では合意が得られています。ただし，経営学の分野では，経営戦略と似た概念としてドメインという用語も使用されます。この点についてまず説明しておきましょう。

5.1 ドメインの概念

ドメイン（domain）とは「領地」「勢力範囲」「活動領域」などという意味の言葉ですが，経営学において使用される場合には2つのケースがあります。

5.1.1 技術的・物理的な事業の組み合わせとしてのドメイン

たとえば，ひと口に自動車事業といっても，軽自動車から普通乗用車，バス・トラックとさまざまな種類があります。トヨタ，GMなどの企業はこれらほぼすべての事業を行っていますが，スズキは軽自動車や小型乗用車を中心に事業展開しており，バスやトラックは生産していません。また，ソニーは基本的には電機メーカーですが，映画事業や金融事業も行っています。

5.1.2 組織の基本的性格としてのドメイン

ドメインは，いま述べたような技術的・物理的な意味ではなく，より理念的な意味で使用される場合もあります。たとえば，東芝を例にとって図示すると，**図表4-2**のようになります。

東芝の場合，ドメインにあたる部分は「経営ビジョン」という表現をしていますが，内容的にはここで説明している理念的なドメインに該当しています。なお，経営理念の下に記されている「人と，地球の，明日のために」は，2で説明したコーポレート・ステートメントです。この図をみればわかるとおり，ドメインの表現も理念的・抽象的ではありますが，「イノベーション」という言葉を使うことで，経営理念よりは具体的なイメージがわきやすいといえるでしょう。とくに，東芝は電機メーカーなので「さまざまな新技術・新製品を作り出す」という意味で，イノベーションの内容を想像しやすいでしょう。

こうした理念的なドメインを意味する言葉として，**ドメイン・コンセンサス**という概念もあります。これは，企業・組織を取り巻くさまざまな**ステークホルダーと企業・組織との間の合意**を意味し，企業・組織の**基本的な性格，方向性**などを意味します。この概念は，経営理念，社是・社訓などよりも捉

図表4-2 ▶▶▶ 経営理念とドメインの例

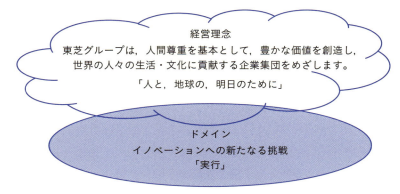

出所：http://www.toshiba.co.jp/about/com_j.htm（2014年8月28日参照）をもとに作成。

えどころがない概念ですが，この後で説明する経営戦略を構想する際にも，重要な視点を含んでいます。

ドメイン・コンセンサスとは，言い換えれば，**ステークホルダーが描く企業・組織の期待像あるいは企業イメージ**です。たとえば，さきほど例示した東芝は，原子力発電から半導体，電球まで生産する総合電機メーカーであり，あえていえば，重厚，高品質，安定感，おっとりした，などという言葉で表現される企業イメージを形成しています。これらは，あくまでもイメージにすぎないともいえますが，実際に消費者，投資家などはそうしたイメージに基づいて消費行動や投資行動を行う傾向があり，また現実の経営を行う際にもそうしたイメージは少なからず影響を及ぼしているといえます。

5.2　経営戦略概念の基本的性格

戦略（strategy）という用語は，軍事用語から経営学の世界に転用されたというのが定説になっています。それゆえにいまでも，ビジネス雑誌，実務書などでは，古今東西の戦国武将，軍人などの戦記や逸話を紹介しながら，企業の経営戦略への示唆を引き出すという論法がよく利用されています。

このように説明すると，戦略とは「いかにライバルと戦うか」という方法を意味すると考える人もいるかもしれません。たしかに戦略にはそうした「競争」の側面も含まれますが，戦略とはもっと広い視点から企業・組織の将来像を描くことです。

国家にたとえていえば，戦争状態に入った場合にどのように軍隊を展開するかではなく，外交，経済援助などの手段を通して直接の戦闘を回避して国益を守る方法を構想するのが戦略です。戦争の例を引き合いに出すのはあまり穏当ではありませんが，企業間の競争が「〜戦争」と表現されることがあるように，企業経営はしばしば戦争にたとえられるのもまた事実です（次頁のコラム参照）。

こうした言葉のニュアンスを踏まえながら，経営における経営戦略概念の特徴として，以下の3つをあげることができます。

| Column | **戦略の極意は「戦わないこと」？** |

　本文でも説明したとおり，戦略とはもともと軍事用語でした。日本では，古くから中国の影響をうけて，軍事論・戦争論を「兵法」といいます。そのなかでも「**孫子の兵法**」は，もっともよく知られており，戦国時代の多くの武将が参考にしたといわれており，現在でもしばしば引用されます。

　孫子の兵法の第三篇「謀攻編」（謀〈はかりごと〉によって攻めること）の中には，「用兵の法は，国を全〈まっと〉うするを上と為し，国を破るはこれに次ぐ（戦争の原則としては，敵国を傷つけずにそのままで降服させるのが上策で，敵国を打ち破って降服させるのはそれには劣る）」（金谷治訳注『孫子』岩波文庫）という表現があります。これは，軍事衝突，武力行使は極力避けて，自国の利益を守るべきだということです。

　これを経営にあてはめていえば，ライバル企業と「低価格競争」になり利益を減らすことは極力避けるべきだということになります。そのために企業・組織は，差別化や新事業開発を行っています。

- 意思決定の指針（経営諸機能の統合）
- 長期的方針（将来構想）
- 環境適応

5.2.1 意思決定の指針

　これは，経営戦略が，企業・組織内のさまざまな意思決定のガイドラインとして機能することを意味しています。企業・組織を経営する過程では，非常に多くの意思決定がなされます。それは，オフィスで使用するパソコンのメーカーをどこにするかといったレベルのものから，他社との合併といったレベルのものまでが含まれます。戦略とは，これらの意思決定のうちもっとも重要度が高く，またその決定が下位のレベルの意思決定を大きく規定するという性質があります。たとえば，他社との合併という戦略的意思決定は，支店の統廃合を含む組織再編，人員の再配置，給与体系の修正，業務の整理などの意思決定に影響を及ぼします。

　この戦略の意思決定指針という機能は，**経営諸機能の統合**という側面とも

関連します。メーカーを例にとれば，企業内には購買，研究・開発，生産，販売・マーケティング，経理・財務，人事などの機能がありますが，戦略とはこれらの諸機能を組織全体としてまとめあげ，**総合力を発揮する方向性**を意味します。たとえば，いくら品質の良い製品を作っても，販売力・マーケティング力がなくては現実の売上高には結びつきません。こうした問題を解決するためには，企業全般を見渡し，組織全般の能力を最大限に発揮する方法を見出さなければならないのです。

5.2.2 長期的方針（将来構想）

戦略の第2の側面である長期的方針とは，読んで字のごとく，企業・組織の中長期的な方向性を決定することを意味します。これは，**企業・組織の将来像を示すこと**と言い換えることもできます。他社の買収あるいは他社との合併，新規事業への進出，海外進出などは，来月あるいは半年後の売上高や利益を確保するための方法ではなく，もっと先の将来（3〜5年以上先）を見据えて，企業・組織の長期的な成長と存続という視点からなされる意思決定です。

逆にいえば，戦略的な意思決定の効果あるいは結果は，すぐには判明しないケースが多いのです。たとえば，企業合併の効果が表れるのは，最低でも2〜3年はかかるといわれます。

5.2.3 環境適応

最後の環境適応という側面ですが，これは，**環境変化への対応**といったほうがわかりやすいでしょう。最近の環境変化のキーワードとしては，**グローバル化**，**少子・高齢化（人口減少）**，**経済の情報化・サービス化**，価値観の変化などがあげられます。戦略とは，これら経営環境の変化に対して，企業・組織がどのように対応していくかを示すことです。

日本国内の各産業の事情を一律に説明することは無理がありますが，少子・高齢化（人口減少）とグローバル化は，ほとんどの企業・組織が直面する環境変化です。また多くの場合，これら2つの変化は密接に関連していま

す。すなわち,日本社会の少子・高齢化と人口減少が進むことはほぼ間違いないため,多くの国内市場は縮小傾向にあります。そうした市場の縮小に対応するために,グローバル化を目指さざるをえないということです。これ以外にも多くの環境変化がありますが,経営戦略とはそうした変化に適応するための基本的な構想という意味なのです。

経営戦略の概念には,このような3つの特徴があります。これら以外につけ加えるなら,戦略とは**ものごとの優先順位を明確にすること**という側面があります。これは,戦略の意思決定指針という側面と関連しています。つまり,企業・組織が保有する経営資源,組織能力には限りがあり,それらを有効に活用するには,ものごとの優先順位を明確にする必要があります。たとえば,景気の急激な落ち込み(最近では,2008年の金融危機など)に直面した場合には,企業は投資を行う新規事業を厳選し,経費削減,遊休資産の売却などにより,どうにか利益の減少幅を小さくしようとします。これも,資源配分の優先順位を明確にしていることを意味します。

さらに付け加えれば,経営戦略とは**経営の基本構想**とでもいうべきものであり,**グランド・ストラテジー**あるいは**グランド・デザイン**という表現も使用されます。ただしそれは,経営理念・ビジョンやドメインよりは具体的な内容として示される場合が多く,またそうでなければあまり意味をなしません。その内容に関しては,次に説明します。

5.3 経営戦略の階層

経営戦略を説明するには,戦略の階層にそくして説明することが多いです。具体的には,

- 企業戦略(全社戦略)
- 事業戦略(競争戦略)
- 機能別戦略

という3つの階層です。ちなみに、経営戦略とはこれら3つの階層の戦略の総称です。

5.3.1 企業戦略（全社戦略）

　企業戦略あるいは全社戦略は、組織一般を念頭におけば「組織戦略」というべきでしょうが、これは企業・組織が着手する**事業の組み合わせを決定すること**で、**事業構造の決定**などともいわれます。企業と事業という概念は混同されるきらいがありますが、ある程度企業規模が大きくなるに従い、企業・組織は複数の事業を行う場合が多いのです。たとえば、総合電機メーカーでは、発電機製造のような重電事業から冷蔵庫その他の「白モノ」と呼ばれる家電製品を製造する家電事業まで、幅広い事業を手がけています。それゆえに、「企業＝事業の集合」という図式が成り立ちます。

　もっとも、「事業」をどのように区分するかは、じつはそれほど単純ではありません。とくに情報・通信関連分野のように技術進歩の早い分野では、従来の事業区分が妥当しなくなる場合もあります。たとえば、スマートフォン（スマホ）と携帯音楽プレーヤーは、別の事業・製品として捉えることもできますが、最近では両者の区別はかなり曖昧になってきています。また、タブレット型端末とスマホの区別もますます曖昧になってきています。この事業の理解・定義に関しては、次の章で改めて説明していきます。

　このように、事業自体が流動的な側面はありますが、企業・組織が複数の事業を営む場合が多いことは事実であり、「どのような事業を行うか」あるいは「どのような事業から撤退するか」が企業戦略の主要な内容です。これに関連していえば、マス・メディアでは、単なる人員削減を指して「リストラクチャリング」という表現がされる場合がありますが、これは不正確です。リストラクチャリングとは、**事業構造の再構築**であり、不採算事業からの撤退だけでなく新規事業への進出も行うことで「事業の組み合わせを変えること」を意味する言葉なのです。

5.3.2 事業戦略（競争戦略）

経営戦略の第2番目の階層である事業戦略とは，**特定の事業（業界，産業）においてどのように事業展開するかという基本方針**を意味します。これは具体的には，いかに競合他社と競争するかということになるので「競争戦略」ともいわれます。競争戦略の基本類型としては，**ポーター**が示した**コスト・リーダーシップ**，**差別化**，**集中**の3類型が有名です。

コスト・リーダーシップとは，コスト・費用面で優位に立つことを基本方針とする戦略です。それに対して差別化は，ブランド・イメージ，技術，顧客サービスなどの製品・サービス特性において，業界の中で特異な地位を築くことを目指す戦略です。自動車業界を例にすれば，アメリカ企業は概して「コスト・リーダーシップ」の競争戦略を採用する場合が多いといえます。それに対して，ベンツ，BMWといったドイツ・メーカーは，差別化戦略を採用しています。

そして「集中」は，業界の特定分野に焦点を絞る競争戦略を意味します。自動車業界の例を続ければ，日本のスズキは軽自動車を中核として排気量の少ない車に製品ラインを絞っており，一種の集中戦略を採用しているといえます。事業戦略・競争戦略については，章を改めて説明することにします。

5.3.3 機能別戦略

最後の機能別戦略とは，研究・開発（R&D），製造，販売・マーケティング，経理・財務，人事といった，企業・組織の機能分野ごとの戦略です。これは，事業戦略の下位に位置づけて説明される場合が多いですが，事業戦略と同列，あるいは場合によっては企業戦略と同列に位置づけることも可能です。

たとえば，多くの日本企業はバブル経済崩壊後の1990年代に多額の不良債権を抱えていたため，この時期は，財務内容を改善することが緊急の課題になっていました。この時期には，財務戦略が事業戦略あるいは企業戦略に匹敵する重要性を持っていたといえます。このように，機能別戦略は基本的には企業戦略，事業戦略からみれば「手段」にすぎず，戦略よりも「戦術」

という名称が適切かもしれません。しかし，時と場合によっては，企業・組織全体の命運を左右することもありうるという点も留意する必要があります。

ここまでの説明を図で表現すると**図表4－3**のようになります。これは，後の章で説明する**組織構造**（組織の枠組み，組織図）とも呼応した図です。

なお，本書では企業戦略と事業戦略までは説明しますが，機能別戦略については説明しません。いま説明したとおり，財務戦略や人事戦略が企業戦略と同等の意義を持つこともありえますが，戦略の階層という考え方からすれば，おのおのの機能は企業・組織の全般的な戦略を実現するための手段という位置づけになるからです。また各機能に関する説明もかなり分量が多くなるので，本書に盛り込むことは無理があるという事情もあります。

6 CSR，企業倫理と経営戦略

本書では，CSR・企業倫理と経営戦略を別々に説明してきましたが，現実の経営を考えると，両者の関連性はますます高まっているということがいえます。とくに，大企業や大規模な組織（大学，病院，行政組織など）の場合，ステークホルダーの数や種類が多く，社会に及ぼす影響が大きいため，余計に両者は不可分の関係にあります。

2000年代以降でも，旧松下電器産業（現パナソニック）が石油ストーブの大規模な回収を実施したり，トヨタが大規模なリコール（部品の無償修理・交換）を実施したりしていますが，こうした出来事はCSRと経営戦略の緊

図表4－3 ▶▶▶経営戦略の階層性

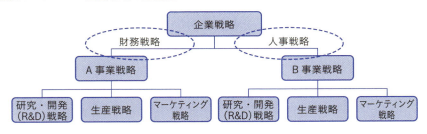

密さを示す好例になっています。すなわち，製品に不具合があった場合に，原因を突き止めて世間に公表すると同時に対応策を迅速に打ち出すことは，CSR・企業倫理という観点から重要であることはいうまでもありません。それと同時に，原因究明，情報公開と対応策発表が後手にまわると，企業のブランド・イメージを損ない売上減少につながる確率は極めて高いのです。そうした意味では，優先的に対応すべき戦略的な課題であるともいえます。

　経営理念・ビジョン，目的，ドメインにも，CSR・企業倫理的な意味合いが含まれていると説明しましたが，経営戦略にもそうした側面への配慮が要求されているといえるでしょう。こうした事態に関連して，**社会戦略**（societal strategy）あるいは**正当化戦略**（legitimacy strategy）という概念もあります。これらは，企業・組織の**存在理由**あるいは**社会的正当性を確保する戦略**という意味です。ただし社会戦略あるいは正当化戦略は，それ自体が独立した内容を持つ戦略ではなく，経営戦略的なすべての意思決定において考慮すべき側面と理解するのが適切でしょう。

7　戦略計画から創発的戦略へ

　本章のここまでの説明は，基本的には「戦略＝計画」という考え方に基づいています。すなわち経営戦略とは，企業・組織のトップに立つ人たちが「中期経営計画」，「戦略計画」などの名称で立案する「文書化された計画」であるという考え方です。大企業や大規模組織の実態を考えた場合，こうした戦略の捉え方は正しいといえます。

　しかし，設立間もないベンチャー企業や中小企業などの場合，「戦略計画」という文書作成のために多大な時間と労力を費やすことは稀であり，その時々の経営者の臨機応変な判断で経営を行っているケースが多いでしょう。また，大企業，大組織であっても，当初からトップが綿密に作成した計画に基づいて推進したわけではない戦略もあります。たとえばソニーのゲーム事業は，企業のトップが戦略的に育てた事業というよりは，担当者の直感，熱

意と忍耐力の結果として，戦略的に重要な企業の収益を支える柱の1つに育った事業です。

　このように，綿密に練られた計画としてではなく，「臨機応変な」あるいは「ボトム・アップ的」に形成される戦略を**創発的戦略**などと呼びます。こうした戦略は「計画性」という点で評価すると，好ましいとはいえないかもしれません。しかし，現実の社会は，われわれの予想を覆すような展開や変化を見せることも多いのです。そうした場合には，予想や計画にこだわるのではなく，機転を利かせた対応が大切です。

　ときどき，社長が「うちの会社には戦略なんてありません」などといいつつ，好業績を持続している会社があります。こうした例は，「計画としての戦略」はないが「創発的戦略はある」ということになるでしょう。逆にいうと，いくら大がかりな戦略計画を作成したとしても，それだけで業績が上がり経営がうまくいくとは限らないのです。

　極論すれば，戦略が正しいか否かは，結果的にしか判断できません。そのため，上で述べた2つの意味での戦略がなくとも，運よく存続・成長していく企業・組織はあるでしょう。しかし，そうした好運はいつまでも続かないのです。それゆえに，企業・組織が長期的に存続・成長しようとすれば，どれくらい時間と労力をかけて緻密な計画として戦略を練り上げるかは別として，**戦略的な構想あるいは発想**は経営に不可欠なのです。

Working　　　　　　　　　　　　　　　　　　　　　　　　　調べてみよう

1. 興味のある企業・組織をいくつか選び，その企業・組織の経営理念・ビジョンを調べてみよう。
2. 興味のある企業・組織をいくつか選び，その企業・組織が掲げる具体的な目的・目標を調べてみよう。
3. 興味のある企業・組織を1つ選び，その企業・組織の企業（組織）戦略について調べてみよう。

Discussion　　　　　　　　　　　　　　　　　　　　　　　　議論しよう

1. 経営理念・ビジョンは，企業・組織の経営にとって意味があるかないかについて議論してみよう。
2. 株式会社を取り巻く利害関係者（ステークホルダー）をあげ，それらの利害関係者が株式会社に対して要求する事（利害）について議論してみよう。

▶▶▶さらに学びたい人のために ─────────────────

- Ansoff, H. I. [1965] *Corporate strategy*, McGraw-Hill.（広田寿亮訳 [1969]『企業戦略論』産業能率大学出版部）
- Chandler, Jr., A. D. [1962] *Strategy and structure*, M. I. T. Press.（三菱経済研究所訳 [1967]『経営戦略と組織』実業之日本社）
- Porter, M. E. [1980] *Competitive strategy*, Free Press.（土岐坤・中辻萬治・服部照夫訳 [1982]『競争の戦略』ダイヤモンド社）
- Thompson, J. D. [2003 (1967)] *Organizations in action*, Transaction Publishers.（高宮晋監訳 [1987]『オーガニゼーション・イン・アクション』同文舘出版：大月博司・廣田俊郎訳 [2012]『行為する組織』同文舘出版）

参考文献
- 石井淳蔵・奥村昭博・加護野忠男・野中郁次郎 [1996]『経営戦略論』（新版）有斐閣。
- 伊丹敬之・加護野忠男 [1993]『ゼミナール経営学』日本経済新聞社。
- 菊澤研宗 [2008]『戦略学』ダイヤモンド社。
- 榊原清則 [2002]『経営学入門（上）（下）』日本経済新聞社。

- 坂下昭宣［2007］『経営学への招待（第3版）』白桃書房。
- 土屋守章責任編集［1982］『現代の企業戦略』有斐閣。
- 沼上幹［2009］『経営戦略の思考法』日本経済新聞社。
- 二神恭一［1984］『戦略経営と経営政策』中央経済社。
- Ansoff, H. I.［1984］*Implanting Strategic management,* Prentice-Hall.
- Deal, T. E. & Kennedy, A. A.［1982］*Corporate culture,* Addison-Wesley.（城山三郎監訳［1983］『シンボリック・マネージャー』新潮社）
- Freeman, R. E.［1984］*Strategic management: A stakeholder approach,* Pitman Publishing.
- Freeman, R. E., Harrison, J. S. & Wicks, A. C.［2007］*Managing for stakeholders,* Yale University Press.
- Hofer, C. W. & Schendel, D.［1978］*Strategy formulation: Analytical concepts,* West Publishing.（奥村昭博・榊原清則・野中郁次郎共訳［1981］『戦略策定』千倉書房）
- Mintzberg, H., Ahlstrand, B. & Lampel, J.［1998］*Strategy safari,* Free Press.（斎藤嘉則監訳［1999］『戦略サファリ』東洋経済新報社）

第5章 企業戦略

Learning Points

▶この章では，企業戦略（全社戦略）の概念を学びます。企業戦略とは，企業・組織が行う事業の組み合わせ（事業構造）を決定することを意味します。
▶また，企業戦略を構成する要素である事業それ自体についても学習します。事業とは「誰（顧客層）が求めるもの（こと）（顧客ニーズ）をどのように（技術）満たすか」に関する方法と理解することができます。
▶さらに，企業戦略を策定する際に考慮すべきライフ・サイクルの概念と企業戦略策定の手法であるポートフォリオ・プラニングについても学びます。

Key Words

成長ベクトル　多角化　事業の定義　ポジショニング　経営資源
組織能力

1 成長ベクトル

　第4章でも説明したとおり，企業戦略（全社戦略）とは，企業全体の「事業の組み合わせ（事業構造）を決定すること」ですが，これはすでに複数の事業を行っている企業を念頭においた考え方です。しかし企業・組織は，はじめは1つの事業を行い，次第に事業を拡張するケースが多いのです。
　これに関しては，アンソフ（H. I. Ansoff）は**図表5－1**のような**成長ベクトル**の考え方を示しています。この図をみればわかるように，企業の基本的な戦略（企業戦略，全社戦略）は4つの方向性があります。

　①**市場浸透**
　これは，製品・サービスの基本的な設計は大きく変えることなく，デザインの変更，性能の向上，広告活動などを通して**市場シェア**向上を目指す戦略です。市場が成長していない場合には，低価格競争に陥り利益率を低下させ

図表5−1 ▶▶▶成長ベクトル（製品―市場ミックス）

市　場 ＼ 製　品	現在と同じ	新　規
現在と同じ	市場浸透	製品開発
新　規	市場開拓	多角化

る危険性もありますが，市場に関する経験や知識が豊富なので，失敗のリスクは低い戦略です。

②**市場開拓**

　これも製品・サービスの基本的な設計は変更せず新しい市場に進出する戦略です。日本国内で市場を拡大する方法もありますが，現在は多くの企業が海外に新しい市場を求めています。また，市場開拓の場合には，製品・サービスの基本的な設計は変えないとしても，細かい仕様，デザインなどは市場に合わせて変更するケースが多いです。

③**製品開発**

　これは，既存の市場に新製品を投入する戦略です。ただし，この製品開発戦略と市場浸透戦略との違いは曖昧です。電化製品，洋服など，ほとんどあらゆる製品が毎年1回あるいは1年に数回「新モデル」を発表しますが，これらはまったくの新製品というよりは，デザイン変更，機能追加などによる市場浸透戦略と呼んだほうが適切と考えられるからです。しかし，企業側の意図としては「新製品を投入した」という意識はあります。そうした曖昧さがあるため，図表では市場浸透戦略と製品開発戦略の境界線は破線にしています。

　そうした点を考えると，鉄道，自動車，航空機，テレビ，PC，スマホなど，新しい**製品概念**あるいは**製品カテゴリー**を作り出したような製品は間違いなく製品開発戦略に分類できますが，機能の追加，デザイン変更などは，市場浸透戦略とみなしたほうが適切でしょう。

④**多角化**

　図表5−1からもわかるように，新製品を新市場に導入するのが多角化

戦略です。これも形式的に考えれば難しいことではありませんが、実際の事例で考えると、簡単には割り切れない面があります。

たとえば、トヨタは住宅事業を行っており、自動車会社が住宅事業を行うということであれば、これは多角化の例と考えられそうです。たしかに、自動車と住宅は異なる製品であり、トヨタにとって住宅は新製品であることは疑いの余地がありません。しかし、自動車市場の消費者と住宅市場の消費者がまったく異なるかといえば、むしろかなりの程度重複しているといえるでしょう。そうした点では、住宅市場はトヨタにとってはまったく未知の新市場とは考えられません。このように、具体例で考えると多角化にも曖昧な面は残りますが、基本的な発想としては、従来行ってきた事業とはかなり離れた事業に着手することが多角化であるということは理解できるでしょう。

2 多角化

前節で説明したとおり、企業戦略には基本的に4つの方向性があり、その中の1つが多角化戦略です。ただし、なにをもって多角化とみなすかは曖昧な面がある点もすでに説明したとおりです。

1990年代以降は「選択と集中」などという表現にみられるように、事業を拡張すること、すなわち多角化は、企業の業績向上に結びつかないという考え方をする人が多数です。しかし日本でも、高度経済成長期（おおむね1955年～1973年まで）には、多角化戦略によって企業が売上高を大きく伸ばした時期があります。

多角化といっても、その程度によって分類することができます。

① **本業中心型多角化**
　本業と呼べる事業を持ちながら、他の事業にも進出している場合
② **関連型多角化**
　本業中心型ほど中核となる事業はないが、技術、市場などの面で関連が

深い事業を複数営んでいる場合

③非関連型多角化

関連型よりもさらに事業が広範囲に及ぶ場合

トヨタなどの自動車メーカー，ファーストリテイリング（ユニクロなどを展開する企業）などのアパレル・メーカーなどは，本業中心型多角化の企業といえるでしょう。東芝，日立，パナソニック，ソニーなどの電機メーカー，セブン＆アイホールディングス，イオン（スーパーのジャスコなどを展開する企業）などの流通大手企業は関連型多角化企業といえるでしょう。非関連型多角化は**コングロマリット型多角化**と呼ばれる場合もあり，戦前の財閥がこれに相当します。

すでに述べたとおり，現代では非関連型多角化のように，関連がない事業領域に手を広げることは，戦略的には正しくない意思決定とみなされています。たしかに，関連性が低い分野に事業を拡張してもうまくいくケースは少ないといえます。

しかしこれは，新たな事業を開拓することをまったく必要としないということではありません。むしろ，新製品・サービスによって，既存市場だけでなく新しい市場を開拓できれば理想的です。ただし，実際のところは，そうした新しい事業を開拓することは容易なことではないということです。

3 事業とは何か
事業の定義

これまでの説明では，企業が行う事業の内容あるいは事業間の区別は，ある程度明確であるということが暗黙の前提になっています。しかし，実際には事業の区別とはそれほど明白で，簡単なことではありません。

日常便宜的に，乗用車事業，トラック事業，PC事業，スマホ事業，食品事業，製薬事業などといいますが，これらの事業はじつはもっと細分化されている場合もあります。たとえば，乗用車事業といっても，軽自動車から大

型高級車まで複数の事業に区分されます。

また，情報・通信関連の事業では，イノベーションの速度が速いので「事業の区切り」自体が流動的であり，また「事業の区切り方」に「企業の戦略性」が反映されるともいえます。たとえば，スマホはますます高機能化しており，もともとの「通話のための道具」というレベルを大きく超えて「多機能携帯機器」という性格をますます強めています。こうした状況下では「スマホ事業」と「タブレット型端末事業」などとの区分はますます曖昧で流動的になっています。こうした点について，もう少し詳しく説明していきます。

3.1　古典的な事業の定義

経営学だけでなく，マーケティングのテキストにもしばしば登場する事業の定義の例としては，アメリカの鉄道事業があります。現在アメリカは基本的に自動車社会であり，自動車に次ぐ交通手段としては，航空機があげられるような社会です。しかし，19世紀末にアメリカ全土が単一市場として成立する過程では，鉄道が非常に大きな役割を果たしたとされます。そのように隆盛を極めた鉄道事業が衰退した原因の1つが，鉄道会社の事業の定義に過ちがあったからだというのです。

具体的にいえば，鉄道会社は自らの事業を「鉄道事業」というように狭く理解していたために，その後の自動車の普及（モータリゼーション）に対応できませんでした。もしも鉄道会社が自社の事業を「鉄道事業」でなく「輸送事業」と理解していたなら，自動車も輸送手段の1つとして取り入れ，事業を拡張することが可能だったのではないか，というのです。

日本の例を1つ考えてみると，映画事業が思い当たります。1950年代末までは，映画は日本の代表的な娯楽であり，事業・産業としても，現在よりも確固たる地位を占めていました。しかし，その後テレビその他の娯楽の普及にともない，観客数・興業収益でみて，日本の映画事業は衰退していきました（近年は，回復傾向にあるようですが）。この過程において，映画会社は，映画を作成し映画館へ配給するという形での「映画事業」に固執していたと

> **Column** 　**高級車のライバルは宝飾品？**
>
> 「レクサスのライバルは？」と聞かれたら，ベンツ，BMWなどの欧州メーカーの高級車を思い浮かべるでしょう。それは確かに正しいのですが，それ以外のライバルもいるのです。それは，宝飾品かもしれませんし，ゴルフ会員権かもしれません。なぜでしょうか。
>
> 高級車が満たす消費者のニーズ（欲求）とは，単なる「移動・輸送手段を確保すること」だけではなく，一種の「ステイタス・シンボルを得たい」「贅沢をしたい」といったニーズを含んでいます。そうした面から考えると，ステイタス・シンボルあるいは贅沢をしたいという欲求を満たす製品・サービスはすべて，高級車の潜在的なライバルであるという考え方ができます。

いえます。もし，自社の事業を「映像娯楽事業」とでも定義づけていたなら，テレビの普及過程においてもっと主導権を発揮し事業を拡張することができたかもしれません。これらの事例からもわかるように，環境変化のなかで，自社の事業を的確に理解し対策を講じることは意外と難しいといえます。

3.2 エーベルの事業の定義

　エーベル（D.F. Abell）は，**3.1**とコラムで説明した古典的な事業の定義の考え方などを踏まえながら，事業を定義するには以下の3つの軸で考えるのが適切であると主張しています。

- 顧客層
- 技　術
- 顧客ニーズ

3.2.1 顧客層

　これは，市場と言い換えることもできますが，企業・組織が対象とする顧客・消費者を意味します。ここには，**市場細分化（マーケット・セグメンテーション）**の発想も織り込まれています。たとえば企業は，一般消費者と法

人顧客（企業，官庁，大学など）とを別のカテゴリーの顧客として扱うことが多いですが，これも市場細分化的な発想の具体例です。市場細分化を図る場合の基準は，地域，所得，学歴，性別，年齢，職業，ライフ・スタイルなどさまざまなものが考えられますが，どの基準を選ぶかは業界によって異なり，またどの基準を選ぶか自体が戦略的な意思決定事項です。要するに，ひと口に顧客・消費者といいますが，企業・組織が対象とする顧客は一様ではないという点がここでは強調されています。

3.2.2 技　術

　これは，**事業を実現するための技術**，あるいは**顧客ニーズを満たすための技術**を意味します。またここでのポイントは，顧客ニーズを満たす方法は，1つではなく代替的な技術・方法が出現する可能性があるという点です。

　アメリカ鉄道事業については，**3.1**の項で説明しましたが，これは「鉄道」という技術が「自動車」あるいは「航空機」という技術に取って替わられたことを意味します。また日本の映画事業の例は，映画館がテレビに代替されたということです。これらの例が示すように，技術的なイノベーションによって，事業の定義あるいは事業の様子が激変する可能性はつねに存在します。情報・通信関連の事業は，こうした点でもっとも事業の定義の変化が激しい分野といえるでしょう。

　たとえば，近年では電子マネー（Suica，nanacoなど）や電子決済（インターネット・バンキング，ネット・ショッピングにおけるクレジット・カード決済など）は身近な存在になっていますが，これは「支払い方法に関する技術」が多様化していることを意味します。お金の支払い方法としては，従来から「現金払い」「現金書留」「為替」「ATMでの支払い」などの方法がありました。電子マネーは現金払いに限りなく近いですが代替的な支払い技術です。また，電子決済（インターネット・バンキング）も，ATMでの支払いに近い技術ですが，わざわざ銀行やコンビニに足を運ばなくても，家庭にいながらにしてインターネットに接続すればPC上でお金の支払いができるという点では，代替的な技術・方法です。

こうした技術の出現によって，「お金の支払い」という従来は金融機関が担ってきた事業に他の分野の企業が参入しています。具体的にいえば，以下のような例を挙げることができます。Suica は JR 東日本が発行しており，nanaco はセブン-イレブンと同じ企業グループのアイワイ・カード・サービスが発行しています。またソニーは，インターネット専業銀行を経営しています。

3.2.3 顧客ニーズ

エーベルは「顧客機能」という言葉を使用していましたが，これは顧客ニーズという言葉のほうが理解しやすいでしょう。あるいは，**顧客が求める機能**と理解することもできます。この点については 101 頁のコラムでも簡単に説明しましたが，もう少し説明しておきましょう。

経営学やマーケティング関連の本では，**顧客志向**，**市場志向**，"market-driven" などの用語がしばしば登場し，経営においては顧客ニーズを的確に把握することの重要性は，繰り返し強調されてきました。そうした意味では，顧客ニーズあるいは顧客機能という概念自体は，理論と実践の両面においていまや常識になっているといえるでしょう。ただし「概念的にわかること」と「実践できること」には大きな開きがあります。

事業を定義する際にも，顧客ニーズ（顧客機能）は意外と忘れられがちです。企業は往々にして，その企業が提供している製品・サービスが事業そのものであると錯覚しがちです。しかし顧客にとって重要なのは，製品・サービスをとおして満たされるニーズや機能であり，ある特定の製品・サービスが是が非でも必要なわけではありません。この点が，供給サイドである企業の死角といえます。

たとえば，高校生や大学生の人たちは，スマホの通話機能よりも電子メール機能を使うほうが多いようです。電子メールというと PC を思い浮かべますが，若い世代の人にとっては「電子メールを送受信する」というニーズを満たす第一の技術・方法はスマホのメール機能ということになります。

この例にみられるように，技術と顧客ニーズ（顧客機能）は，密接に関連

していると考えるべきでしょう。たとえば，スマホが普及することで，家庭における固定電話の契約件数は低下傾向にありますが，これは顧客ニーズ（顧客機能）に関して，それに対応する技術に大きなシフトが起きている典型的な例です。

さらに，顧客層と技術および顧客層と顧客ニーズも関連していると考えるべきでしょう。たとえば，PCはいまではおおげさに「情報処理機器」というよりは，テレビなどの家電製品に近い存在になっていますが，これは半導体の高性能化と低価格化がもたらした結果です。1980年代初頭には，個人がコンピュータを所有できるなどということには半信半疑の人間のほうが多かったのです。これは，技術と顧客層の次元にそって，事業の定義が変化した例です。

これまでの説明を，図を使って説明すると，**図表5－2**のようになります。これは，スマホとノートPCに関する事業の定義を考えた例です。破線で囲まれた領域がスマホの事業の定義であり，実線で囲まれた領域は，ノートPCの事業の定義を示しています。このように図で表現すると，事業の定義よりも，**事業領域**あるいは**事業空間**とでも呼んだほうが，視覚的なイメージと言葉とが一致するかもしれません。

この図でわかるように，スマホとノートPCとは電子メールの送受信という顧客ニーズに関しては完全に競合する事業になっています。しかし，ノートPCの場合，マイクロソフト（MS）のオフィスをインストールすれば図表作成というニーズも満たせるが，スマホはこうしたニーズはいまのところ満たせません。

反対に，図には記入していませんが，音声通話というニーズはスマホでは満たせますが，ノートPCでは満たせません。このように，スマホ事業とノートPC事業は，競合する部分はありますが，現時点では，互いに満たせない顧客ニーズの領域があることがわかります。

しかし今後，現在のスマホよりは大きいがノートPCよりは小さく操作性に優れたスマホが開発され，「メールの送受信」「音声通話」「図表作成」と

図表5−2 ▶▶▶事業の定義の概念図

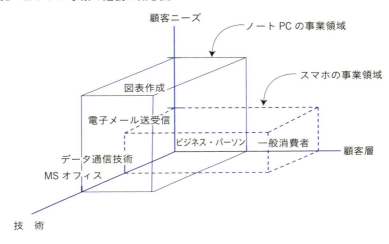

いうすべてのニーズを満たすことができるようになる可能性はあります。そのような段階になると「スマホ事業」と「ノートPC事業」という区別自体が存在しなくなっているかもしれません。

このように，事業とは物理的な存在としての製品レベルで捉えるだけでは不十分です。とくに，イノベーションの速度が速い領域においては，つねに代替的な技術の出現に敏感であることが要求されるのです。

4 ライフ・サイクルとポートフォリオ・プランニング

1では事業について多少詳しく説明しましたが，企業戦略の立場から事業あるいは産業を理解するうえで欠かせないのがライフ・サイクル概念とポートフォリオ・プランニングの発想です。この節では，これらについて説明します。

4.1 ライフ・サイクル

　ライフ・サイクルは，もともと**製品ライフ・サイクル**（Product Life Cycle：PLC）という用語で紹介されてきました。それが現在では，概念が適用される範囲が拡張され，事業，市場あるいは産業レベルでこの概念が使用されます。

　この概念は，単純化していうと，製品・事業の誕生からの軌跡をたどると，導入・誕生期には売上高は少ないですが，成長期では売上高が急速に伸びていき，成熟期を迎えると売上高の伸び率が鈍化し，その後その製品・事業は衰退・消滅していく，という経験則を意味します。これは，あたかも人間の一生のようであるという意味で，ライフ・サイクルと呼ばれるのです。

　このライフ・サイクル概念は，多くの経営学のテキストで紹介されており，われわれの経験からいっても，ある程度納得がいく概念です。しかし，この概念には問題が2つほどあります。

　まず第1点は，前節の事業の定義とも関連してきますが，どの範囲でライフ・サイクルを測定するかということです。たとえば，自動車，PC，家電製品などの事業では，次々に新製品と銘打った新製品・新モデルが投入され，これらの新製品・新モデルにはライフ・サイクルがあり，旧モデルは衰退・消滅していきます。しかし，これらの製品・モデルは，企業側が消費者の購買意欲を刺激しようと，意図的に旧製品・モデルの生産を打ち切り，新製品・新モデルに移行していると理解するほうが妥当です。それゆえに，自動車事業，家電製品事業というように広く捉えれば，2つの事業とも成熟期には入っているでしょうが，衰退期にあるとは言い難いのです。

　また，第2点とも関連しますが，どの地理的範囲で事業あるいは産業を捉えるかでも，様子がだいぶ異なります。日本国内は基本的にどの市場も成熟傾向が強いですが，介護市場などは高齢化社会に向けてむしろ成長市場といえます。また，国内では成熟事業であってもアジア諸国をはじめ，新興国や発展途上国では，これから成長期を迎える事業・産業も多数存在します。

　第2点は，成熟期に入った製品・事業は，必ず衰退・消滅してしまうのか

という点です。たとえば，繊維事業は衰退事業の代表例のようにいわれ，たしかに生産量でみればピーク時の何分の一かの生産量しかない製品が多いです。そうした面で衰退しつつあるということは否定し難いですが，このまま完全に消滅してしまうのかと問われれば，事業規模は小さいなりに存続していくのではなかろうかと思われます。また，鉄鋼事業も1980年代には成熟産業の典型例のようにいわれましたが，いわゆるグローバル化の影響で国内の粗鋼生産量は，基本的に横ばい傾向であり増加した年もあります。このように，成熟期以降に製品・事業が「衰退－消滅」という道筋をたどるという説明は，現実を単純化しすぎであり，経験にも反するといえるでしょう。

以上のような問題点はありますが，ほとんどの事業・産業が成長期を過ぎて成熟期を迎えるという点は，われわれの経験則にも当てはまります。とくに日本社会はこれから人口が減少することがほぼ確実であり，多くの事業が成熟期を迎えることも確実です。そうした経営環境において，海外進出を含めて，どのような経営戦略を展開するかは，企業の存続・成長を大きく左右するといえます。

4.2　ポートフォリオ・プランニング

ライフ・サイクル概念と関連した概念が，ポートフォリオ・プランニング

図表5－3 ▶▶▶ライフ・サイクルの概念図

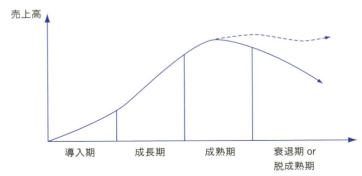

（portfolio planning）です。ライフ・サイクル概念には，すでに説明したような問題点はありますが，それらの問題点を考慮外として説明すれば，ポートフォリオ・プランニングの基本的発想は以下のようなものです。製品・事業にはライフ・サイクルがあり，成熟期を迎えた製品・事業は衰退・消滅していくかもしれないので，企業・組織が成長・存続するためには，新製品・新規事業を開発することが必要であるというものです。

ポートフォリオ・プランニングにはいろいろな手法がありますが，もっとも簡略化されたものがボストン・コンサルティング・グループ（Boston Consulting Group：BCG）が開発したBCGマトリックスです（**図表5－4**参照）。

ポートフォリオという概念は，経済学，財務論における「金融資産選択理論」からの転用です。われわれがリスク（たとえば，株価が下がるリスクなど）とリターン（利益・利得）のバランスを考えながら，不動産，預貯金，株式，投資信託などの資産運用形態を選択するのと同様に，企業・組織は，製品・事業のライフ・サイクル，キャッシュ・フローなどを考慮して，企業全体の製品・事業のバランスを図るべきであるというものです。

BCGマトリックスでは，成長率の高い製品・事業はキャッシュ・フローの流出が大きく，市場シェアの大きな製品・事業はキャッシュ・フローの流入が大きいということが仮定されています。そして，「金のなる木」と呼ばれる製品・事業から得られる資金を，「問題児」「スター」と呼ばれる製品・事業に投入して，将来の「金のなる木」にすべきである，というのがBCGマトリックスから得られる単純化した実践的示唆です。

図表5－4についてもう少し説明しておきましょう。市場成長率の「高・低」を決める基準は一律ではありません。経験則的に「10％」が高低の境目とされた時期もありましたが，近年の日本では少しハードルが高いかもしれません。GDP成長率というのは，1つの目安にはなるでしょう。横軸の**相対的市場シェア**は，自社製品の市場シェア自体ではなく比率で算出されます。具体的には以下のとおりです。

図表5−4 ▶▶▶ BCGマトリックス

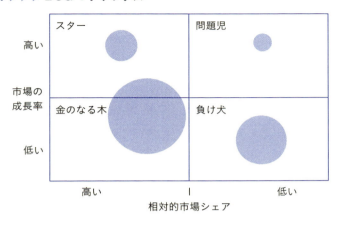

$$相対的市場シェア = \frac{自社製品のシェア}{自社以外で最大のシェアを持つ製品のシェア}$$

　相対的市場シェアが「1」を境界にして，高低が区別されます。これは「市場シェア1位の製品」しか「相対的市場シェアが高い」とみなされないことを意味します。

　ポートフォリオ・プランニングは，BCGマトリックスのように市場シェアと成長率といった単一の指標を用いるものから，もっと多数の指標を設定するものまで，いろいろなバリエーションがあります。しかし，一方の軸に自社の製品・事業の相対的な強み（市場シェアなど）を設定し，他方の軸に製品・事業の魅力度（成長率など）を設定するという点では共通の特徴を持っています。

　この種の手法は，製品・事業の技術的な特性・関連性や企業の組織的側面が分析に反映されていないという限界があります。また負け犬に分類される製品・事業に対する理解の仕方もいろいろな解釈があります。もっとも単純に考えれば，負け犬に分類される製品・事業からは撤退せよということになります。しかし，実際の企業の製品・事業ポートフォリオをみると，それほど単純に割り切れない様子がわかります。

たとえば，**図表５－５**は2012年における花王の製品・事業ポートフォリオを示しています。データ入手に制約があるため，すべての製品・事業が図示されているわけではありませんが，ここで注目すべきは，化粧品事業です。図表のほぼ中央に位置していますが相対的シェア１以上であり，「金のなる木」です。しかし，2011年までは相対的シェア１未満でした。こうした点を考えれば，負け犬事業を撤退対象と簡単に位置づけることはできません。

以上のような問題点や実際の運用上の課題もありますが，これらの問題点と課題に留意すれば，ポートフォリオ・プランニングの手法は，企業戦略の意思決定における補助的手段として利用価値はあるといえるでしょう。

5　ポジショニングと経営資源・組織能力

本章で説明してきた概念は，最近の経営戦略論の用語でいえば**ポジショニング**の考え方に沿った発想です。ポジショニングとは，次の章で説明するポーターの競争戦略の類型（コスト・リーダーシップ，差別化，集中）がもっ

図表5－5 ▶▶▶花王 PPM 分析（2012年）

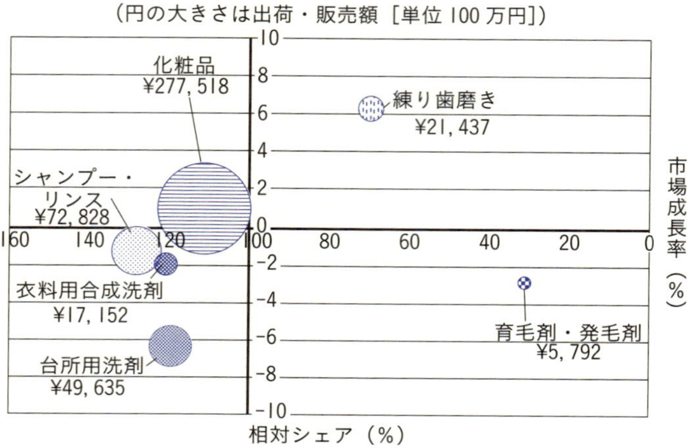

（円の大きさは出荷・販売額［単位100万円］）
化粧品
¥277,518
練り歯磨き
¥21,437
シャンプー・リンス
¥72,828
衣料用合成洗剤
¥17,152
台所用洗剤
¥49,635
育毛剤・発毛剤
¥5,792
10
8
6
4
2
0
-2
-4
-6
-8
-10
160
140
120
100
80
60
40
20
0
市場成長率（%）
相対シェア（%）

出所：日経産業新聞編『日経市場占有率2014年版』2013年刊のデータをもとに作成。

ともわかりやすいですが，本章で説明した多角化，ポートフォリオ・プランニングなども，基本的にはポジショニングの発想に近いものです。ポジショニングとは，「企業は何を事業とすべきか」（事業構造の選択）あるいは「特定の事業でどのように競争するか」という意思決定が，企業の業績・競争優位性を決定するという考え方を意味します。

　こうした発想に対して，1990年代の半ば以降，「企業・組織は何ができるか（得意か）」という視点が注目されるようになってきました。**コア・コンピタンス**（core competence），**経営資源**，**組織能力**，見えざる資産，知的資本，知的資産，インタンジブルズなど，多くの用語が使用されていますが，言葉の違いはおくとして，その意味する内容はみな「企業・組織が有する経営資源・組織能力が，企業・組織の競争優位性を生む源泉になっている」という発想に立っています。こうした発想に基づく研究は，**資源ベース論**（Resource Based View）と呼ばれます。資源ベース論の発想は，経営戦略論の分野では以前からありましたが，ポジショニングに関する研究と対比した場合，研究が遅れてきたという事情があります。

　資源ベース論に属する研究にはいろいろな用語や発想がありますが，1つの共通点は，土地や天然資源などの経営資源ではなく，特許をはじめとする**知的財産権**，**ノウハウ**，**ブランド**といった無形の経営資源の重要性が強調される点です。とくに日本や欧米先進国の企業・組織がグローバル社会で競争していくには，こうした経営資源を生かすことが重要です。

　ポジショニングの発想と資源ベース論とは相反する考え方のように説明される場合もありますが，実際に経営戦略を考える場合には両方の発想が必要です。また，研究の発展という意味ではポジショニングに関する研究が先行して発展しましたが，1990年代半ば以降，資源ベース論に関する研究も蓄積されつつあります。

　経営戦略論では1980年代から**SWOT**（Strength, Weakness, Opportunities and Threats）分析という用語があり，これは「強みと弱み，チャンスと脅威の分析」などと訳されます。本章で説明したポートフォリオ・プランニングも，その簡略版です。この枠組みのなかで「チャンスと脅威」（Opportunities and Threats：OT）に注目するのがポジショニングの発想であり，「強みと弱み」（Strength and Weakness）に注目するのが資源ベース論です。

こうした枠組みにそって考えると，企業戦略とは将来の経営環境を予測しながら，有望な事業とそうでない事業を見極め，有望な事業に経営資源を投入して事業を遂行する組織能力を形成することであるということができます。

Working　　　　　　　　　　　　　　　　　　　　調べてみよう

1. 興味のある企業・組織をいくつか選び，その企業の多角化の程度を調べてみよう。
2. 製品またはサービスを2つ選び，それらの製品・サービスがどのような点で重複しており，どのような点で区別されているか調べてみよう。
3. 企業を1つ選び，その企業の製品のシェアと成長率を調べてPPMの図を描いてみよう。

Discussion　　　　　　　　　　　　　　　　　　　　議論しよう

1. 企業を1つ選び，その企業の企業（全社）戦略がうまくいくと思うか否かを議論してみよう。
2. 多角化の利点・メリットと欠点・デメリットを議論してみよう。
3. Workingの2で取り上げた2つの製品・サービスについて，今後どのような変化が予想されるか議論してみよう。

▶▶▶さらに学びたい人のために

- Barney, J. B. [2002] *Gaining and sustaining competitive advantage* (2nd ed.), Upper Saddle River, NJ: Prentice-Hall.（岡田正大訳 [2003]『企業戦略論（上）（中）（下）』ダイヤモンド社）
- Blair, M. M. & Wallman, S. M. H. [2001] *Unseen wealth*, Washington, D.C.: Brooking Institution Press.（広瀬義州他訳 [2002]『ブランド価値評価入門』中央経済社）
- Hamel, G. & Prahalad, C. K. [1994] *Competing for the future*, Harvard

Business School Press.(一條和生訳 [2001]『コア・コンピタンス経営』日本経済新聞社)

参考文献

- 日本経営計画協会編・中村元一・二瓶喜博訳 [1984]『ポートフォリオ・マネジメント』ホルト・サウンダース・ジャパン。
- 沼上幹 [2008]『わかりやすいマーケティング戦略(新版)』有斐閣。
- 根来龍之・経営情報学会編著 [2010]『CIO のための情報・経営戦略』中央経済社。
- 藤田誠 [2007]『企業評価の組織論的研究』中央経済社。
- 藤本隆宏 [2003]『能力構築競争』中央公論新社。
- 渡邊俊輔編著 [2002]『知的財産』東洋経済新報社。
- Abell, D. F. [1980] *Defining the business: The starting point of strategic planning,* Prentice-Hall.(石井淳蔵訳 [2012]『新訳事業の定義』碩学舎)
- Ansoff, H. I. [1965] *Corporate strategy,* McGraw-Hill.(広田寿亮訳 [1969]『企業戦略論』産業能率大学出版部)
- Edvinsson, L. & Malone, M. S. [1997] *Intellectual capital,* Harper Collins.(高橋透訳[1999]『インテレクチュアル・キャピタル』日本能率協会マネジメントセンター)
- Lev, B. [2001] *Intangibles,* Washington, D. C.: Brooking Institution Press.(広瀬義州・桜井久勝監訳 [2002]『ブランドの経営と会計』東洋経済新報社)
- Sullivan, P. [2000] *Value-driven intellectual capital,* John Wiley & Sons.(森田松太郎監修 [2002]『知的経営の真髄』東洋経済新報社)

第6章 競争戦略と事業システム

Learning Points

▶ この章では，事業戦略（競争戦略）の前提となる，ポーターのファイブ・フォーシーズ・モデルについて学びます。このモデルは，特定の事業は5つの要因によって影響を受けることを示しています。

▶ また，事業戦略（競争戦略）の基本的な類型（コスト・リーダーシップ，差別化，集中）についても学びます。

▶ さらに，事業をどのように構築するか（事業システム）の概念についても学ぶとともに，経営戦略に関連するさまざまな概念を学びます。

Key Words

経験効果・経験曲線　ビジネス・モデル　シナジー　範囲の経済
スピードの経済

1 経験効果・経験曲線

　事業戦略に関して説明する際の基本的な概念に経験効果・経験曲線の概念があります。これは**習熟曲線**，**学習曲線**とも呼ばれる現象であり，すでに19世紀末には心理学者が気づいていたとされ，また1930年代には航空機生産の現場でも確認されていたともいわれます。この概念は，「生産その他の作業に関して，経験を積むに従い，作業時間，費用などが減少する」という現象を指します。

　われわれが何か新しい仕事をする場合，最初は慣れないために作業能率は悪いが，しだいに慣れてくると能率が上がるという経験はあるでしょう。こうした現象は，生産現場だけでなく，経営のいろいろな現場でみられますが，とくに顕著なのが生産現場における生産費用の逓減です。これは，**図表6－1**のような図を用いて説明されます。

図表6−1 ▶ ▶ ▶ 経験曲線

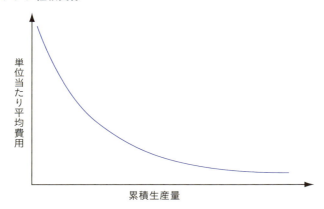

　製品によって，また企業によって，この曲線がどのような形になるかは異なってきます。しかし経験則的に，**累積生産量**が2倍になると平均費用は10％から30％低下するといわれています。こうした経験効果が生じる原因としては以下のような要因が考えられます。

①**習熟効果**：人間が特定の仕事に慣れることで手際が良くなること
②**作業方法の改善**：作業を行うための方法自体にもさまざまな工夫をこらすこと。これには，使用する機械・器具の調整なども含まれる。
③**製品仕様の改良**：作業方法だけでなく，製品自体の仕様・デザインなどにも細かい変更を加えて生産効率を上げること

2　ポーターのファイブ・フォーシーズ・モデル

　ポーターは産業組織論の考え方を使用しながら，特定の事業の構造あるいは性質を理解するには，以下の5つの要因に留意すべきであるとしています。なお，以下では，産業，市場，業界を同じような意味で使用します。事業に

は少なくとも1〜2社，多い場合には多数の競合企業があります。これらの企業の集合を指して産業，市場あるいは業界という用語を使用しています。

①**新規参入の脅威**：事業に新しい企業が参入してくる脅威
②**売り手の交渉力**：原材料供給業者，労働者など，企業にとって重要な経営資源を供給する利害関係者の相対的な交渉力
③**買い手の交渉力**：顧客・消費者が企業に対して持つ交渉力
④**代替製品・サービスの脅威**：企業が提供する製品・サービスが，別の製品・サービスにとって替わられる危険性
⑤**業界内の競合**：競合する企業の数と競争の激しさ

①新規参入の脅威

日本の市場を見回した場合，外資系企業の国内市場への新規参入がインパクトを与えているケースが多いといえるでしょう。金融業界に関しては，1980年代以降，金融の規制緩和が進み外資系金融機関の参入が増えました。また近年では，ファスト・ファッションと呼ばれるアパレルの分野で，外国企業（H&M，ZARA，FOREVER21など）の国内参入も増えています。

図表6−2 ▶▶▶ポーターのファイブ・フォーシーズ・モデル

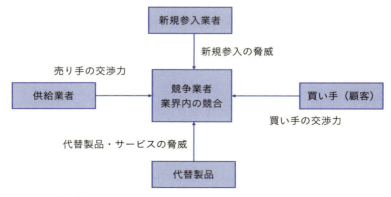

出所：Porter, M. E. [1985] *Competitive advantage*, Free Press : 5.

②売り手の交渉力

　PC事業に関していえば,「ウィンテル」という用語があるように, PCメーカーからすれば部品供給業者であるインテル社やマイクロソフト社が, 大きな市場シェアを背景に強い売り手の交渉力を発揮してきました。その他の製品・サービスに関しては, 市場での需給関係に応じて売り手の交渉力は増減するのが一般的です。

③買い手の交渉力

　一般消費者を対象とした製品・サービスの場合, 日本国内では全般的に買い手の交渉力が増しているといえるでしょう。多くの製品・サービスの国内市場は供給過剰による飽和状態あるいは低成長の分野が多く, 結果として買い手の交渉力が高まっているのが現状です。

④代替製品・サービスの脅威

　前章で説明したアメリカの鉄道事業, 日本の映画事業の例にみられるように, イノベーションによる代替製品・サービスの登場は, あらゆる事業が直面しうる脅威です。とくに, イノベーションのスピードが速い分野（情報・通信分野など）では, この脅威は大きいです。また, 電力会社が「オール電化」という事業を推進していますが, これは家庭における熱源としてガスに替わって電気を使用してもらおうというものです。この場合, ガス事業が電気という代替サービスの脅威にさらされているということです。

⑤業界内の競合

　すべての事業が何らかの競合関係にありますが, 概して日本の産業は企業数が多く, 競合が激しいといわれています。

　この図式にそって理解すると, 事業の性格というものは決して固定されたものではなく, これら5つの要因にそって変化しうることがわかります。とくに, 代替製品・サービスの登場は, 既存の事業の様子を一変させる可能性を持っています。たとえば, コンピュータ事業では, 半導体技術の進歩によりコンピュータの小型化・高性能化・低価格化が進んだ結果, コンピュータというハードを売るだけではあまり利益が出せなくなりました。その結果,

IBM，富士通といった企業は，「ハード販売事業」から「情報システム構築事業」へと経営の力点をシフトさせてきたという経緯があります。

3 競争戦略の類型

事業戦略あるいは競争戦略というと，ポーターの類型が有名であり，いろいろな事業における競争戦略を理解するのに便利です。もともとは，**コスト・リーダーシップ**，**差別化**，**集中**という3つの類型を示していましたが，その後集中には**コスト集中**と**差別化集中**という2類型があるといわれるようになりました。

競争戦略を考える場合には，2つの軸で考える必要があります。まず1つの軸は，**競争優位性の源泉**を何に求めるかということであり，**図表6－3**では横軸を意味します。これには「低コスト」と「差別的要因」があります。低コストに関してはあまり説明を必要としないかもしれませんが，ここで，1で説明した**経験効果・経験曲線**が関連してきます。企業・組織が費用・コストを下げるには経験効果を発揮する必要があるということです。さらに，

図表6－3 ▶▶▶ 競争戦略の3類型

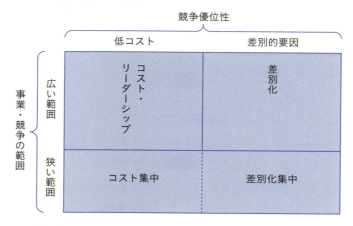

出所：Porter, M. E. [1985] *Competitive advantage*, Free Press : 12.

経験効果を発揮するには，**市場シェア**を獲得する必要があります。多くの事業でシェア獲得競争が繰り広げられる背景には，こうした事情があります。

他方，差別化に関しては，技術的優位性，デザイン，ブランド・イメージ，アフター・サービスなど，製品・サービスの特性に応じてさまざまな要因が考えられ，一概には差別化要因を特定できません。逆にいえば，どのような要因であれ，顧客・消費者に「他社の製品・サービスとは違う良さがある」と認められれば，それで競争戦略上は目的に適っているのです。

ただし現在では，**コモディティ化**と呼ばれる現象がさまざまな事業・市場で進んでおり，企業・組織はなかなか差別化ができない状況にあります。コモディティ（commodity）とは語義的には「日用品，必需品」という意味ですが，コモディティ化という場合には「ありふれた物」「どこにでもあるような物」を意味します。さらにいえば製品・サービスの差別化が困難な状態を意味します。

もちろんいろいろな製品・サービスにおいて，企業はデザイン，色，細かい機能，サービスなどの面で差別化を図っています。しかし，企業側の努力にもかかわらず，なかなか際立った特徴，すなわち差別的要因を作り出せずにいる場合が多いのです。それでもなお，国内の人件費，物価水準などを考えると，日本企業がグローバル市場で事業を展開し競争するには，差別化戦略を基本にせざるをえないといえるでしょう。

競争戦略を考える場合のもう1つの軸は，「事業・競争の範囲」です。これは**事業の幅**あるいは**製品ラインの幅**と呼ぶこともできます。すなわち，可能な限り幅広い製品・サービスをそろえるか，それとも絞り込むかということです。

たとえば，マクドナルドとモスバーガーは，外食事業の中でもハンバーガー事業に特化しているという点では事業を絞り込んで成功しているケースです。その際，マクドナルドがコスト集中戦略を採用しているのに対して，モスバーガーは差別化集中戦略を採用しているという競争戦略上の違いがあります。その他にも，牛丼，そば，ラーメンなど，日本の外食産業では，事業を絞り込む集中戦略によって成功しているケースが多いです。

ポーターは，企業・組織が事業を行う場合，これら4つの競争戦略類型の中からどれか1つを選びそれに特化しなければならないと述べています。そうでない事業は「中途半端な事業」（stuck in the middle）になり，業界平均を下回る利益しか実現できないとしています。

4 事業システム

第5章でも説明したとおり，事業とは少し注意深くみていくと，意外と曖昧で複雑なものです。第5章では，企業戦略の見地から「事業とは何か――事業の定義」について説明しましたが，ここでは，個別の事業の見地から事業について説明していきます。

第5章で説明した事業の定義が，どちらかといえば，事業に関する基本構想を示していたのに対して，ここで説明する**事業システム**の概念は，より具体的かつ技術的です。事業システムと同じような意味で使用される言葉に**ビジネス・モデル**があります。ビジネス・モデルは，特定の事業の仕組みあるいはモデルを意味するのに対して，事業システムは，個々のビジネス・モデルを包含する一般概念です。厳密にいえばこうした違いはありますが，実務の世界では，両者は同じ意味で使用されるケースが多いので注意が必要です。

事業システムとは，以下の3つの構成要素から成り立っています。

- **事業コンセプト：事業の定義**
- **企業内で行う活動の決定**
- **企業間の協力関係構築**

また事業システムを図で示すと**図表6－4**のような図を描くことができます。

図表6−4 ▶▶▶事業システムの概念図

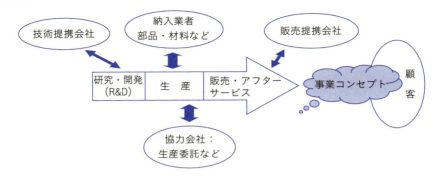

4.1　事業コンセプト：事業の定義

　これについては，第5章**3**「事業とは何か——事業の定義」で説明したとおりです。そこでも詳しく説明したとおり，事業コンセプトあるいは事業の定義とは，顧客層，顧客ニーズ，技術の3要因で決定されます。これをもう少しくだいていうと，「誰の」「どんなニーズを」「どのように」満たすかということを意味します。

　繰り返しになりますが，事業コンセプトを描く場合には，顧客ニーズ（「どんなニーズを」）の部分が非常に重要になってきます。マーケティングの分野では，製品とは**便益の束**と考えるのが一般的といわれますが，これも顧客ニーズを起点にして製品・サービス，ひいては事業を捉えるという発想に基づいています。

4.2　企業内で行う活動の決定

　これは次項「**4.3** 企業間の協力関係構築」と表裏一体の関係にありますが，何か製品・サービスを提供する場合に，1つの企業・組織がすべての活動あるいは業務を担うことはできません。企業・組織の中で行うことと，外部に任せることを区別する必要があります。

メーカーを例にとった場合，研究・開発，生産，マーケティング・アフターサービスは自社で行いますが，すべての素材や部品の生産までも自社で行う場合はまずありません。他社や協力メーカーから調達する素材や部品は数多くあります。

企業内で行う活動の決定に関しては，**業務の外部委託・アウトソーシング**という方法があります。具体的にいえば，企業・組織内で行ってきた活動・業務を外部の企業に委託するのです。簡単な経理や情報処理，福利厚生の対応などが典型的な例ですが，メーカーが生産を外部委託するケースもあります。

電子機器産業の場合，とくに **EMS**（Electronics Manufacturing Service）という名称があり，PCのEMS企業は台湾に有力企業が数多くあります。こうした事実を踏まえると，メーカーという名称が実態とかけ離れてきているといえます。すなわち，メーカーとはいいながら実際に生産は行わず，製品開発とマーケティング・販売を自社で行う製品もあるということです。

4.3　企業間の協力関係構築

これに関しては，日本企業は従来から意識的に取り組んできたといえるでしょう。**系列**という言葉が"keiretsu"で英語の文献，記事などに登場するほど，日本における企業間の協力関係は有名です。

たとえば，自動車メーカーでは，**デザイン・イン**という方法が採用され，メーカーの新製品設計段階から部品メーカーの参加を促し，高品質・低価格の製品開発を目指すということが行われてきました。またアパレル小売りの分野では，**SPA**（Specialty store retailer of Private label Apparel）という形態が採用される場合もあります。これはユニクロを展開するファーストリテイリングが有名であり，小売業者が縫製業者に生産を委託するが，商品企画，原料調達などは，小売業者が行うという方式を取ります。

SPAは，アウトソーシングとは反対に，一種の**垂直統合**を行っているという理解ができます。垂直統合とは，企業内で実施してこなかった活動・業

務を企業内で行うことです。ファーストリテイリング（ユニクロ）は，生産自体は他社に委託しますが，その他の活動は商品企画から在庫調整までほぼ自社でコントロールしており，単なる小売業というよりはアパレル・メーカーに限りなく近いといえます。

　以上説明してきたように，「**4.2** 企業内で行う活動の決定」と「**4.3** 企業間の協力関係構築」はまさに表裏一体といえます。また，PC などの電子機器業界では EMS というアウトソーシングが進展する一方で，アパレル業界では SPA という業務の抱え込み（垂直統合）が進展しているというように，正反対の現象がみられます。これは，事業・産業によって適した事業システムは異なるということを物語っています。

4.4 　ユニクロの事例

　ここでは，ファーストリテイリングが展開するユニクロを例にあげて，事業システムについてみていくことにしましょう。一般的には主力事業のブランドであるユニクロがよく知られていますが，ファーストリテイリングは，これ以外にも GU，theory などの事業を展開しています。しかしここでは，主力事業であるユニクロについて説明していくことにします。

4.4.1 　事業コンセプト（事業の定義）

　ユニクロの事業コンセプト（ブランドメッセージ）は「ユニクロは，あらゆる人が良いカジュアルを着られるようにする新しい日本企業です」とされています。この文章から明らかなように，ユニクロ事業では特定の顧客層に焦点を絞るのではなく，老若男女を問わず幅広い顧客層を対象としています。また，顧客ニーズとしては，「気軽に着られる服がほしい」あるいは「パーツとして使う服がほしい」というニーズに対応しています。さらに，幅広い顧客に気軽に着られるカジュアル・ウェアを提供するために，すでに説明した SPA という方法を採用しています。こうした事業コンセプトを簡潔に表

現すれば,「カジュアルな服を値ごろ感のある価格で提供する」ということになるでしょう.

4.4.2 企業内で行う活動

ファーストリテイリングは,業種上は「小売業」に分類されますが,商品開発,原材料調達,品質管理,販売,在庫調整までを一貫してコントロールしています.すなわち,原材料生産と製品の生産以外は,ほぼすべての活動を担っています.こうしたSPAという方法を採用することで,原材料の大量仕入れによる原価低減を実現しています.

4.4.3 企業間の協力関係構築

いま説明したように,製品ができあがるまでのかなりの部分を企業内でコントロールしていますが,製品の生産自体は外部企業に委託しています.こうした生産委託先となる企業は国内よりも中国をはじめとする外国企業が圧倒的に多く,ここでも,大量発注により生産費用を低く抑えることに成功しています.

以上のように,ポーターの競争戦略類型でいえば,コスト集中の戦略をSPAの手法で実現していると理解することもできるかもしれません.ただし,H&M,ZARAなど外資企業の国内市場参入により,「カジュアルな服を値ごろ感のある価格で提供する」という事業コンセプトを多少変更しようとしているように見受けられます.

5 経営戦略に関する概念

さて第4章からここまで経営戦略に関するいろいろな概念を説明してきましたが,ここでは,それら以外で,経営戦略に関連する概念や考え方をいくつか紹介しておきましょう.

5.1 シナジー

この概念はアンソフが経営学の分野に導入したといわれていますが，事業や活動の組み合わせによる**相乗効果**という意味です。よく比喩的に「1+1 → 3」といった表現がされます。

シナジーには，以下の2つの種類があるとされています。

- 一定の売上高・利益を得る場合に節約できる費用（**費用節約型シナジー**）
- 一定の投資額で増やせる収益（**効果的投資型シナジー**）

またシナジーが発揮される分野・領域としては，以下のようなものがあるといわれます。

- 販売シナジー：共通の流通・販売経路の利用によって生じる。
- 生産（操業）シナジー：操業度の上昇，間接費の配分，一括大量仕入れなど
- 投資シナジー：設備の共同利用，共通の原材料，研究開発費の分担など
- マネジメント・シナジー：過去の経験・知識の活用
- ブランド・シナジー：高級ブランドにみられるブランド拡張（製品ラインの拡張）

シナジーの概念は，実務界でも頻繁に使用される概念であり，いまでは経営の領域では常識といってもいいほどです。ただし，概念的には理解しやすいですが，数量的に正確に把握することはなかなか困難です。

またこの概念は，企業が **M&A**（Merger & Acquisition：合併，買収）を推進する際の根拠に使われる場合も多いです。しかし，上で述べた「効果的投資型シナジー」は期待に反して発揮されないケースが多いといわれます。日本の銀行業界にも顕著にみられるように，同業他社との合併では「費用節約型シナジー」が発揮されているともいわれます。

5.2 範囲の経済

範囲の経済の概念は，「企業が複数の事業を同時に営むほうが，各事業を独立して行うよりも費用が割安になる」という考え方です。たとえば，コンピュータ事業を行うA社，家電事業を行うB社，両事業を行うC社の総費用を比べると，「C社の総費用 ＜ A社の総費用＋B社の総費用」という関係が成り立つということです。

範囲の経済が生じる原因としては，「未利用資源の活用」ということがいわれています。すなわち，1つの事業で必要とされる経営資源は，その事業だけでは利用しきれないということです。これは，多角化をはじめとする事業の拡大を行う根拠とされてきました。

多角化の箇所でも説明したとおり，近年ではあまり事業の範囲を広げすぎずに，「選択と集中」を図ることが戦略的には重要といわれます。そうした意味では，業界の状況に応じた「適切な事業の範囲」という考え方が重要でしょう。

5.3 スピードの経済

これは「経営のスピードを上げることによって，費用を削減する効果」ということです。たとえば，H&M，ZARAなどのファスト・ファッションと呼ばれる事業は，これを活用して成功している例でしょう。この場合以下の側面でメリットが生まれます。

- 顧客にとっての価値創造：速いサイクルで新製品が投入されることが，顧客にとって継続的な価値創造になる。
- 投資効率の上昇：速い新製品投入により売上高が上昇し，結果として投資効率の上昇につながる。
- 売れ残りロスの削減：速いサイクルでしかも少量ずつ製品を投入することで，売れ残りによるロスを削減できる。

他の製品では，アパレルよりは製品投入のサイクルは長くなりますが，それでもスマホ，PC などの電子機器でも 1 年に 2〜4 回くらいは大規模に新製品・新モデルを投入することでスピードの経済を実現しようとしています。

5.4 内部成長と外部成長

内部成長とは，企業・組織の自らの力で新規事業を開発することを意味します。それに対して，**外部成長**とは典型的には M&A によって新規事業に進出する方法を意味します。これは，「作るか買うかの決定」（make or buy decision）などといわれます。

5.5 M&A

M&A は，いま説明した外部成長の典型的な手法です。M&A に関するニュースは，新聞，テレビなどのマス・メディアで大々的に取り上げられますが，それはあくまでも経営戦略を実現するための手段にすぎません。また，ある米国の調査では，70％の M&A は効果がなかったり，むしろマイナスの影響のほうが大きかったりするともいわれます。こうした事実も，しっかりと押さえておく必要があるでしょう。

5.6 戦略的提携

戦略的提携あるいは提携戦略とは，外部成長と内部成長の中間的な方式であり，企業・組織間の協力により戦略的に経営目的を実現しようという方法です。M&A よりも容易に実行可能であり，また提携関係の解消も可能であるということで，多くの分野，業界で実施されています。これにはいろいろな形式がありますが，いくつか例をあげると以下のようなものがあります。

①研究開発における技術提携
- 自社に欠けている技術・知識などを補完するための提携
- 研究開発費の分担：巨額の研究費を分担するため

②**業界標準**（de facto standard）確立のための技術提携

　古くはVTRにおけるVHSとベータの競合，最近ではブルーレイとHD－DVD陣営間の競合など，業界標準技術を確立するためにコンソーシアムなどと呼ばれる戦略的提携関係を構築するケースが多いです。

　この他にも，販売提携（自社の販売網で提携企業の製品・サービスを販売すること），物流面での提携（企業間で共同の物流網を構築すること），JV（Joint Venture（合弁事業体）：複数の企業が出資して新事業を行う企業を作ること）などがあります。またSPAにおける小売業と生産者との関係も生産提携とみなすこともできます。

Working　　　　　　　　　　　　　　　　　　　　　調べてみよう

1. 業界を1つ選び，その業界にはどのような企業が存在しており，どのような競争戦略を採用しているか調べてみよう。
2. 事業（製品またはサービス）を1つ選び，その事業の事業システムについて調べてみよう。
3. 企業・組織間の提携関係について調べてみよう。

Discussion　　　　　　　　　　　　　　　　　　　　議論しよう

1. Workingの1で調べた企業について，今後どの企業が競争を優位に進めると思うか議論してみよう。
2. Workingの2で取り上げた事業システムについて，どのような変更を加えればより良い事業システムになると思うか，議論してみよう。
3. Workingの3で調べた提携関係について，効果が上がると予想されるものと効果が上がらないと予想されるものについて議論してみよう。

▶▶▶**さらに学びたい人のために** ────────────

- 内田和成［2009］『異業種競争戦略』日本経済新聞出版社。
- 恩蔵直人［2007］『コモディティー化市場のマーケティング論理』有斐閣。
- 加護野忠男・井上達彦［2004］『事業システム戦略』有斐閣。
- 加藤俊彦［2014］『競争戦略』日本経済新聞出版社。

参考文献

- 石井淳蔵・奥村昭博・加護野忠男・野中郁次郎［1996］『経営戦略論（新版）』有斐閣。
- 牛丸元［2007］『企業間アライアンスの理論と実証』同文舘出版。
- 林倬史・關智一・坂本義和編著［2006］『経営戦略と競争優位』税務経理協会。
- 和田充夫・恩蔵直人・三浦俊彦［1996］『マーケティング戦略』有斐閣。
- Porter, M. E.［1985］*Competitive advantage*, Free Press.（土岐坤・中辻萬治・小野寺武夫訳［1985］『競争優位の戦略』ダイヤモンド社）

第 III 部

組織の枠組み作り

第7章 組織構造

第8章 組織文化

第9章 コンフリクトのマネジメント

第7章 組織構造

Learning Points

▶この章では、「組織の枠組み作り」の基本である「組織構造」の諸概念について学びます。組織構造とは、簡単にいえば「分業と調整のパターン」といわれますが、その中には、単純な分業以外に標準化などの多くの要因が含まれます。

▶また、組織構造の重要な要因である部門化に関して、機能別組織、事業部制、マトリックス組織、プロジェクト組織などの基本的類型について学びます。さらに、組織と組織の関係（組織間関係）を理解する概念として、ネットワーク組織についても学びます。

Key Words

専門化　部門化　標準化　公式化　階層性　官僚制　カンパニー制　持株会社

1　戦略と組織

　経営史の分野にチャンドラーという学者がいますが、その学者の本の中に「組織は戦略に従う」という有名な命題があります。この命題は、経営戦略に応じて組織ができあがるということを言い表しています。チャンドラーの命題が導き出された背景には、19世紀から20世紀にかけて、アメリカ企業が事業を拡大（多角化）するに従い、事業部制（本章の中で説明）を採用したという事実がありました。

　経営戦略が立てられ、それを実行するために組織が形作られるというのは、常識的に理解しやすい理屈です。またチャンドラーの命題に集約的に表現されているように、経営学の中でも1つの基本的な考え方になっています。また、現実の企業・組織をみても、戦略的な観点から事業を運営するための

手段として組織を利用するというのが実情です。

　しかし，歴史があり規模が大きくなった企業・組織の場合には，「戦略は組織に従う」という命題も成立するでしょう。第5章で経営資源・組織能力について説明しましたが，企業・組織は従来から持っている「強み」，すなわち経営資源・組織能力を生かすような戦略を採用する傾向があり，これは合理的な意思決定です。また第8章で説明する**組織文化**の観点からも，企業・組織の戦略は，その企業・組織が持つ好みや個性，すなわち組織文化に影響されるという側面もあります。

　このように，戦略と組織は互いに影響しあうという側面がありますが，本書はチャンドラーの命題のとおり「戦略が組織を規定する」という前提で章構成されており，またこの発想は基本的には正しいといえます。それゆえに，組織が戦略を規定するという側面はとりあえず考慮外として説明を進めることにします。

　また以下では，**組織構造をデザインする**という表現を使用しますが，これは企業・組織のトップがどのような組織構造にするかをデザイン・設計することで，実際の組織構造は決定されるという事態を想定しています。

2　組織構造の基本要因

2.1　組織構造の基本的考え方

　「構造」という概念は，経営学をはじめとする社会科学ではよく使用されますが，意外と説明しにくい概念です。経営学的な組織論では**組織メンバー間の相互作用の安定的なパターン**といった表現で説明される場合が多いです。この表現で強調されているのは，組織構造とは，建物の構造・骨組みのように目にみえる形で把握できるものというよりも，人間（組織メンバー）間の**安定的で予測可能な関係**を意味しているという点です。

　たとえば，組織構造の基本的な側面として階層性がありますが，これは簡

単にいえば「上下関係」を意味します。上下関係にある人間のあいだでは，上位にいる人間（上司）が下位にいる人間（部下）に指示や命令を出すという安定的で予測可能な関係にあります。このような「安定した関係」が組織構造の基本的特徴です。

また組織構造は「**分業と調整のパターン**である」という説明の仕方もされます。組織構造の側面としては，以下で説明するように複数の要因・側面がありますが，**分業**はもっとも基本的な要因です。ただしたんに分業しただけでは，組織メンバーがばらばらに仕事をすることになるので，分業した仕事を調整してまとめる必要も出てきます。そうした事態を指して分業と調整のパターンという表現がされます。

以上のような基本的考え方に立ちつつ，組織構造は以下のような複数の要因に分けて理解されます。

2.2　分業（専門化）

複数の人間が共同で仕事をする場合，各人が行う仕事を分担することはごく日常的に行われることです。こうした分業のもたらす利益は，社会科学の分野では経済学の父といわれるアダム・スミスがピン作りの例をあげながら，いち早く指摘した点です。組織では，規模の大小にかかわらず，各人の行っている仕事内容は異なっているのが普通でしょう。なお，ここで説明しているのは，**個人レベルでの分業**であり，**専門化**という用語も使用されます。

組織構造をデザインする見地からすれば，問題になるのは専門化をするか否かということよりも，以下の2つの事柄です。

- どこまで細かく分業するか：分業・専門化の程度
- どのような基準で分業するか：分業・専門化の基準

2.2.1　分業・専門化の程度

分業・専門化の程度に関していえば，第1章のアメリカ経営学の箇所で説

明した科学的管理法（テイラー・システム）の考え方では，個々人の行う仕事はできるだけ細分化しかつ単純化すべきであると考えられていました。これは，専門化というよりは**細分化・単純化**と呼ぶほうが実態と言葉が一致しているでしょう。

同じ専門化という言葉がだいぶ違う意味あいで使用されることもあります。企業・組織における人事制度（人的資源管理）の考え方として，「**ゼネラリスト志向**」（幅広い仕事をこなせる人間の養成）と「**スペシャリスト志向**」（特定の分野に精通した人間の養成）とがあります。従来日本の企業・組織はゼネラリスト志向が強いといわれてきましたが，最近はスペシャリスト志向が強くなってきたといわれます。これも専門化を推し進めているといえます。

このように，専門化といっても，具体的な内容はだいぶ異なります。細分化・単純化という意味での専門化は，文字どおり仕事をできるだけ細かく分けて単純化することで「誰でもできる仕事」を作ろうとしています。それに対して，スペシャリスト志向としての専門化は，専門分野（財務，生産，マーケティングなど）は分けますが，そこに含まれる仕事の範囲は広範囲にわたり，また専門的な知識も必要とされます。

2.2.2　分業・専門化の基準

他方，分業の基準としては以下の4つのものをあげることができます。

① **機能・役割による分業**
② **知識・技能による分業**
③ **アウトプットによる分業**：製品・サービス，顧客・市場，場所による分業
④ **時間による分業**

組織構造をデザインする立場からは，いずれかの基準を選んで，仕事の役割分担すなわち分業体制を構築する必要があります。しかし実質的には，これらの基準は密接に関連しています。たとえば，自動車の組み立てラインで働いている人たちの場合には，基本的には「生産を担当するパート（エンジ

ン，シートなど）による分業」が行われます。すなわち「①機能・役割による分業」です。しかし，こうした分業体制は，次のような形での分業も生み出します。

②知識・技能による分業：生産を担当するパートの違いによって，仕事に必要とされる知識・技能にも分業が起こる
③アウトプットによる分業：生産を担当するパートの違いは，仕事の成果であるアウトプット（各パート）の違いという分業を生み出す

実質的にはこのように，これらの分業基準は関連してきますが，すでに述べたように，組織構造をデザインする立場からは，どれか1つの基準を選んで，分業のための人員配置を行う必要があります。

個人レベルにおける分業・専門化によるメリットとしては，特定の仕事で経験を蓄積することにより，知識・技能が高度化するという点があげられます。第6章で説明した**経験効果**の何割かは，こうした分業による知識・技能の高度化によりもたらされます。とくに今日，企業・組織内外の環境は非常に複雑化・複合化しているので，専門化のメリットを追求する必要性は高まっています。

しかし，知識・技能の高度化をともなわない単純化・細分化としての分業・専門化は，従業員のモチベーション低下，視野の狭さなどの弊害をもたらす点も忘れてはなりません。

2.3 部門化

分業・専門化が，主に個人レベルの概念であるのに対して，**集団レベルでの分業・専門化**が部門化です。そうした意味では，「部門化」という用語を使用する必要はないのかもしれませんが，分業のレベルの違いを強調するために，あえてここでは部門化を分業・専門化と分けて説明しています。

企業・組織の発行するパンフレットやホームページ上などには，**組織図**が

掲載されていることが多くあります。この組織図でわかるのは，主に組織の部門化の様子です。すなわち，どのような基準で企業・組織内の部門が設定されているかが，この図をみるとわかります。

　部門化の基準は分業・専門化の基準と同じで，1) 機能・役割による部門化，2) 知識・技能による部門化，3) アウトプットによる部門化（製品・サービス，顧客・市場，場所による部門化），4) 時間による部門化，の4つです。

　分業・専門化の箇所でも説明したとおり，組織構造をデザインする立場からすれば，いずれかの基準で企業・組織の「分業の大枠作り」すなわち部門化を行う必要があります。しかし，これらの基準は実質的には関連しているといえるでしょう。

　たとえば，この章の後で説明する**機能別組織**（機能による部門化）は，上で示した基準のうちの，「機能・役割」と「知識・技能」による部門化とみなすことができます。しかし同時に，製造部門のアウトプットは具体的な製品であり，研究開発部門のアウトプットはアイディア，技術，特許などであるという違いがあり，そうした意味ではアウトプットの面でも部門化・分業が行われています。

　機能別組織などの部門化に関しては，この章の中で改めて説明します。なお，時間による分業あるいは部門化については説明しませんでしたが，これは工場，小売店，飲食店などで多くみられる，勤務時間帯別の**シフト制**を意味しています。時間による分業あるいは部門化は，他の基準による分業あるいは部門化の枠組みの中で，補助的に使用される基準と考えることができます。

2.4 標準化

　工学系の研究分野，工場の生産現場などでは，標準化の概念は馴染み深いものですが，組織構造の要因としての標準化は，最初は理解しにくいかもしれません。標準化とは，**定型化**，**定式化**，**規格化**などの用語で表現することもできますが，「一定の型にはめる」という意味から転じて「決まった手順

で仕事をすること」を意味します。このように表現すると，標準化とは個人の個性，自主性などを圧殺することのように思われがちですが，人間が組織を形成して仕事をする際に標準化は不可欠です。

分業・専門化の箇所でも科学的管理法にふれましたが，科学的管理法の要点は**労働の標準化**にありました。科学的管理法以降，好き嫌いにかかわらず，社会のあらゆる場面で標準化は実施されてきたのです。

メーカーの生産現場をみれば，各労働者の行う仕事はかなりの程度標準化されている様子はひと目でわかりますし，企業・組織の事務部門でも，書類の形式から挨拶の仕方にいたるまで，標準化が意図されています。またサービス業でも，ファスト・フード店，ファミリー・レストラン，アミューズメント・パークなどで，標準化の例は日常的に目撃することができます。

さらにいうならば，学校教育をはじめとするあらゆる教育・訓練（企業内のそれも含む）が，知識，技能，行動・思考様式などの標準化を目指しているとみなすことができます。このように標準化とは，企業・組織を中心に，社会のすみずみにまで浸透しているのです。

2.5　公式化

公式化とは，**明文化**，**文書化**などの言葉で置き換えることも可能であり，組織内の規則，手続き，連絡・報告などを文書にすることを意味します。この公式化と標準化をまとめて**マニュアル化**という表現をすることも可能です。「標準化された仕事の手順を文書としてまとめる」のがマニュアル化です。

標準化と同様に公式化に関しても，何でも文書にして報告することの煩わしさ，「規則一辺倒で融通が利かない」ことへの不満などが日常的に聞かれます。たしかに，行き過ぎた公式化は仕事の効率を阻害する側面があることは否定できません。しかし，組織内の意思決定に一貫性，客観性，合法性を保つためには公式化は不可欠です。

また公式化された手続きや業務記録などには，組織内に蓄積された知識，経験，ノウハウなどが集約的に表現されているとも考えられます。「組織の

記憶」(organizational memory) という概念がありますが，これは組織の先人たちのノウハウ，知恵などが，公式化という形で継承される状況を指しています。

2.6 階層性

これは簡単にいえば，**階層の数**を決めることです。これは，**統制の幅**あるいは**スパン・オブ・コントロール**（span of control）と呼ばれる組織原則とも関連しています。統制の幅とは，「1人の上司が管理する部下の数」であり，経験則的に最小の単位は7～8名といわれ，状況によってもっと多くの数でも良いとされます。

図表7－1で説明すれば，かりに統制の幅が10名とすれば，1名の上司が10名の部下を管理することができ，階層数は2ですみます。しかし，統制の幅がせまく4名とすると，図のように2名の現場管理職を追加せざるをえず，階層数は3となります。実際の企業・組織では，統制の幅だけで全体の階層数が決まるわけではありませんが，階層を考えるうえでの基本的な考え方です。

なお近年の企業・組織では，**組織のフラット化**といわれ，階層数を可能な限り減らそうという傾向がみられます。

図表7－1 ▶▶▶統制の幅と階層数

2.7　分権化（集権化）

　これは階層性と関連が深いですが，階層性がたんに階層の数を問題にするのに対して，分権化（集権化）は，階層における**権限委譲の程度**を指す概念です。権限が，トップ・マネジメントなどの組織階層の上部に集中する程度が高い場合は「集権的」といわれ，反対に現場にも権限が委譲される程度が高い場合は「分権的」といわれます。

　一般に，分権化と集権化は反意語のような対概念として使用される場合が多いですが，より正確にいえば，両者は「程度の差」を示す概念です。すなわち，1つの「物差し」の上に位置づけられる概念とみなすことができます。たとえば，「分権化の物差し」を使った場合，目盛りの数値が大きいほど分権化が進んでおり，目盛りの数値が小さいほど集権化が進んでいるように理解できます。

　最近は，一般的な傾向としては，組織の現場レベルまで権限を委譲することが推奨される場合が多いといえます。しかし，日常業務に関しては権限委譲が効率的ですが，組織の変革期などには，一時的に集権化を行う必要もあり，一概に分権化が良いとは言い切れません。

　組織構造を把握する場合の代表的な要因としては，以上のように分業・専門化から分権化までの6つが考えられます。これらは概念としては難解ではありませんが，実際の組織がそれぞれの要因に関してどのような構造になっているかは，組織外部から判断することは困難です。しかし，組織構造を考える場合，とくにそのデザインを考える場合には，これらの要因に配慮する必要があります。

3　官僚制

　組織構造について説明する際には，官僚制の概念にもふれておいたほうが

いいでしょう。日常生活において，組織を「官僚制的」と形容した場合，「融通が利かない」「規則や手続きが煩雑だ」など，否定的な意味を込めて使用されることが多く，そうした点で，官僚制という用語には，否定的なニュアンスがつきまとっているといえるでしょう。しかしこうした言葉の使われ方がされる背景には，官僚制に関する誤解があります。また官僚制とは，行政組織いわゆる「お役所」だけを意味するのではなく，行政組織を含む組織一般の組織構造の特徴を示す概念です。

　官僚制といえば，社会学者のヴェーバー（M. Weber）の名前があげられますが，彼が示した官僚制の特徴は以下のようなものです。

- **規則に基づく明確な権限体系**
- **階層制**
- **文書による業務処理**
- **専門化**
- **フルタイム労働による職務遂行**
- **専門的知識習得**

　言葉や表現は多少異なりますが，意味内容としては，前節で説明した組織構造の基本的要因をほぼ網羅しています。官僚制が人々に誤解されている大きな原因は，官僚制が持つ複数の特徴を「程度の問題」と捉えない点にあります。分権化の箇所でも説明したとおり，官僚制のそれぞれの特徴を程度の問題と理解すれば，組織が官僚性の特徴をある程度は備える必要があることは容認できると思われます。たとえば「文書による業務処理」（公式化）をまったく行わない組織では，連絡事項が徹底されずに業務の混乱が生じることもあるでしょう。また，規則がない組織では，管理職が勝手に費用を使ってしまい大きな赤字要因になるかもしれません。そうした意味で，どのような組織でもある程度は官僚制的な要素を取り入れる必要があります。

　このように考えると，「何でも文書にしろといわれ煩わしい」とか「規則ばかり盾にして，融通が利かない」などという官僚制に関する不満は，「官

僚制それ自体の弊害」というよりは,「官僚制の運用の失敗」と考えたほうが正確です。この点については,経営学や組織論の研究者の中にも短絡的な官僚制批判をする人が結構多く,「官僚制を超えて」に類した表現がしばしば見られます。たしかにヴェーバーが描いた官僚制は,集権化,標準化,公式化の程度が高く,非常に**機械的な組織**であり,今日の企業・組織を考えた場合,あらゆる状況で効率的かつ有効な組織構造であるとはいえません。それにもかかわらず,いまだに官僚制は組織構造を考える場合の出発点であることに変わりはないのです。

4 部門化の基本型

2で説明したとおり,組織構造には複数の要因・側面があります。しかしそれらの中では,部門化がもっとも大きな組織の枠組みを形成しています。企業・組織の組織図で描かれているのは,組織の部門化の様子であることからも,このことがわかるでしょう。また「分業と調整」という組織構造の基本的な考え方の「分業」に該当するのが部門化であることからも,部門化が組織構造の中核であることがわかります。

4.1 機能別組織と事業部制

組織における部門化は,機能による部門化を採用する**機能別組織**と事業に基づく部門化である**事業部制**が基本型になります。機能別組織は,部門化の箇所でも説明したように,組織内における機能・役割に基づいた部門化です。メーカーを例にとれば,**図表7-2**のような部門が設置されている例が多いです。

事業部制は,読んで字のごとく,事業ごとに部門化を行う組織構造です。**図表7-2**では,電機メーカーを念頭において簡略化した事業部制の概念図を描いています。この図では,各事業部の下に設置された部門をかなり省

略していますが，事業部制組織では各事業部があたかも1つの独立した企業のように，必要なすべての機能を備えていると説明される場合が多いのです。たしかに，事業部制の場合，各事業はかなり独自性が高いですが，1つの事業部ですべての必要な機能を備えている例は，むしろ少ないといえるでしょう。

図表7－3では，図表7－2で示した事業部制との対比を念頭において，より実態に近い組織図を描いています。この図では，各事業部は，購買部と工場は持っていますが，営業・マーケティングと財務・経理の機能は事業部横断的にトップ・マネジメント直轄の部門として設定されています。これはいわば，機能別組織と事業部制の混合的構造ということになります。

なお，一般的な傾向として，企業・組織は，機能別組織から事業部制へと発展していく傾向がみられます。ただしすべての企業・組織が必ず事業部制

図表7－2 ▶▶▶機能別組織と事業部制

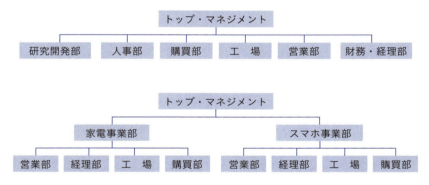

図表7－3 ▶▶▶実態に近い事業部制の組織図

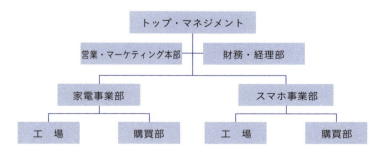

に移行するというわけではありません。

4.2 機能別組織のメリットとデメリットと事業部制の特徴

いま説明した機能別組織と事業部制について，おのおのメリットとデメリットについて一般的に指摘される点をあげておきましょう。

● **機能別組織のメリット**
①専門化による知識・技能の高度化
②規模の経済性：各機能における規模の経済
● **機能別組織のデメリット**
①統一的な業績評価基準の欠如
②部門間コンフリクト：①と関連

このようなメリットとデメリットを持つ機能別組織ですが，製品・サービスすなわち事業の数と種類が相対的に少ない場合には，機能別組織が採用されるケースが多いです。またトップ・マネジメントが強力な調整力を発揮できる場合にも，機能別組織は適しているといわれます。

事業部制の特徴としては，以下のような点を指摘することができます。

①複数の事業，製品グループを有する企業は，事業部制を基本的構造とする場合が多い
②各事業部がプロフィット・センター（profit center）として運営される
③各事業の完結性が高い
④トップ・マネジメントの負担軽減：事業レベルの意思決定からの解放

これらは，あえていえば事業部制のメリットといえるでしょう。なお，**プロフィット・センター**とは，各事業部が生産量，費用に責任を持つにとどまらず利益まで責任を持つ体制を意味します。また，トップ・マネジメントの

負担軽減とは，違う言い方をすれば，トップ・マネジメントが企業戦略（全社戦略）の構想に時間，労力と注意を集中できることを意味します。

他方，事業部制を運営する際の問題点・課題としては以下の点を指摘できます。

① 機能・投資の重複：事業部間で重複した機能，投資が発生する可能性
② 事業部設定の曖昧さ・不安定さ
③ 事業部を横断する事業への対応：事業部間における「新規事業の奪い合い」

「機能・投資の重複」に関しては，**図表７－３**のような部門化を行うことで，かなりの程度回避されるようになっています。しかし，事業部の独立性が高いほど，こうしたデメリットが発生する確率は高くなります。

「事業部設定の曖昧さ」と「事業部を横断する事業への対応」は，第5章で説明した「事業の定義」と関連しています。本書では，すでに何度も説明してきたように，事業とは流動的な存在です。とくにイノベーションのスピードが速い領域ではそうです。

たとえば第5章であげた例でいえば，「スマホ事業」と「ノートPC事業」は，現在は別の事業であり，それに対応して個別の事業部が存在しています。しかし，近い将来に両事業が融合し，それに対応して新しい事業部ができあがる可能性は十分にあります。このように，事業部制を構成する単位である事業は流動的な存在です。

また，いま説明したスマホとノートPCが融合したような新製品を開発する場合，どちらの事業部が主導権を発揮して製品開発，事業化を行うかに関しては，組織内でのコンフリクトが発生する可能性もあります。こうした点も，事業部制を運営する際の課題です。

いま説明したような問題を解決するために，多くの企業・組織で**SBU**（Strategic Business Unit：**戦略的事業単位**）という発想が取り入れられています。実際には「事業本部」などの名称が使用されるケースも多いですが，

各事業部では，既存事業の効率を追求しながら，事業部を企業戦略的な視点でグループ化したものがSBUです。さきのスマホ事業部とノートPC事業部の例でいえば，2つの事業部を含むSBUとして「モバイル・ツール事業本部」を設定するということが考えられます。

5 カンパニー制と持株会社

事業部制組織においては，各事業部はある程度の独立性と利益責任を持ちながらも，完全に独立した部門とはいえないケースも多いです。それに対して，事業部の独立性をより高めようという組織構造もあります。これは，カンパニー制，社内カンパニー制，**社内分社**などと呼ばれます。

これらの組織構造の基本的な発想は，その名称が示すように，各カンパニーを1つの独立した企業とみなして運営するということです。具体的には，各カンパニーの利益額だけでなく，擬似的に資本金なども配分し，それに対する **ROE**（Return On Equity：株主資本利益率）などの利益率もカンパニーの評価基準にするということです。さらに，従業員の採用，給与体系といった人事制度も各カンパニーごとに行うというケースもあります。

カンパニー制をさらに押し進めると，持株会社という組織構造にたどり着きます。日本の大企業は多くの子会社・関連会社を有しており，その点では従来から**事業持株会社**という性格を持っていました。それが独占禁止法改正にともない，いくつかの禁止類型を除いて**純粋持株会社**設立が解禁になりました。純粋持株会社に移行した場合，本社（持株会社）の業務は，各子会社の経営成果の監視と，子会社の売買などを通した事業構造の選択という戦略的な意思決定が主になります。

カンパニー制および持株会社は，部門化の観点からすると，事業部制の延長線上に位置づけられる組織構造です。日本では，従来の事業部制と区別するためにあえてカンパニー制などの名称が使用されていますが，部門化という点では，あくまでも事業部制の延長線上に位置づけられる組織構造といえ

ます。

　むしろ，カンパニー制と（純粋）持株会社の組織構造的な特徴は，事業部制の枠組みの中で分権化と集権化を同時に進めている点にあると考えるべきです。具体的には，日常的な事業運営については，各カンパニーあるいは子会社に権限委譲がされるという点では分権化が進められます。しかし，新規事業への進出あるいは既存事業からの撤退などの企業戦略的な意思決定権限は本社（持株会社）に集中させるという点では，集権化を進めているのです。

6　マトリックス組織とプロジェクト組織

6.1　マトリックス組織

　部門化という点でいえば，機能別組織と事業部制が組織構造の基本型であることはすでに説明したとおりです。これら2つの部門化のいわば発展型が，マトリックス組織です。マトリックス組織とは，2つ以上の基準で組織全体の部門化を行う組織構造です。たとえば，「機能」と「事業」の2つを基準に部門化を行うことなどが考えられます。

　マトリックス組織を説明する際には，**図表7－4**のような概念図が描かれる場合が多いです。マトリックス組織は，複雑でダイナミックな環境に対応するために生まれた組織であり，アメリカ航空宇宙局（NASA）の衛星プロジェクトにおいて生まれたというのが定説になっています。

　この組織構造は，人工衛星打ち上げのような，複雑で変化の激しい事業を実施する際には，有効に機能する可能性があります。しかし，**命令一元性**（命令を受ける上司は1人だけにする）という古典的な組織原則に反しており，コンフリクトが発生しやすく組織運営上非常に手間がかかるともいわれています。

　マトリックス組織のアイディアは，機能別組織，事業部制に比べれば新しいものであるために，注目された時期もありました。しかし，いま述べたよ

図表7−4 ▶▶▶ マトリックス組織の概念図

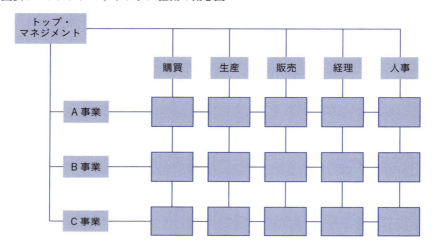

うな問題もあるため，企業・組織全体の組織図を**図表7−4**のようにしている企業・組織は少ないのが実情です。

6.2　プロジェクト組織

　いま述べたように，マトリックス組織を全面的に採用している企業・組織は少ないですが，部分的にマトリックス組織の発想を採用しているケースはあります。それは，プロジェクト組織，**プロジェクト・チーム**，**タスク・フォース**，**クロス・ファンクショナル・チーム**などと呼ばれる方法です。

　これらは，機能別組織あるいは事業部制の枠組みの中で，**縦割り構造（部門）を横断する形でチームを形成**するという特徴があります。こうしたチームの特徴としては，以下の点があげられます。

①**戦略的課題遂行**：新事業・新製品開発，全社的構造改革など
②**部門横断的チーム**：いろいろな部門の人間が参加
③**流動的組織**：特定の課題遂行後にいったん解散する

中央経済社

いま新しい時代を切り開く基礎力と応用力を兼ね備えた人材が求められています。
このシリーズは，社会科学の各分野の基本的な知識や考え方を学ぶことにプラスして，
一人ひとりが主体的に思考し，行動できるような「学び」をサポートしています。

Let's START!

学びにプラス！
成長にプラス！
ベーシック＋で
はじめよう！

中央経済社

ベーシック＋専用HP

1 あなたにキホン・プラス！

その学問分野をはじめて学ぶ人のために,もっとも基本的な知識や考え方を中心にまとめられています。大学生や社会人になってはじめて触れた学問分野をもっと深く,学んでみたい,あるいは学びなおしたい,と感じた方にも読んでもらえるような内容になるよう,各巻ごとに執筆陣が知恵を絞り,そのテーマにあわせた内容構成にしています。

2 各巻がそれぞれ工夫している執筆方針を紹介します

2.1 その学問分野の全体像がわかる

まず第1章でその分野の全体像がわかるよう,〇〇とはどんな分野かというテーマのもと概要を説明しています。

2.2 現実問題にどう結びつくのか

単に理論やフレームワークを紹介するだけでなく,現実の問題にどう結びつくのか,問題解決にどう応用できるのかなども解説しています。

2.3 多様な見方を紹介

トピックスによっては複数の見方や立場が並存していることもあります。特定の視点や主張に偏ることなく,多様なとらえ方,見方を紹介しています。

2.4 ロジックで学ぶ

学説や学者名より意味・解釈を中心にロジックを重視して,「自分で考えることの真の意味」がわかるようにしています。

2.5 「やさしい本格派テキスト」

専門的な内容でも必要ならば逃げずに平易な言葉で説明し,ただの「やさしい入門テキスト」ではなく,「やさしい本格派テキスト」を目指しました。

図表2-2 ▶▶▶ 価値の尺度機能

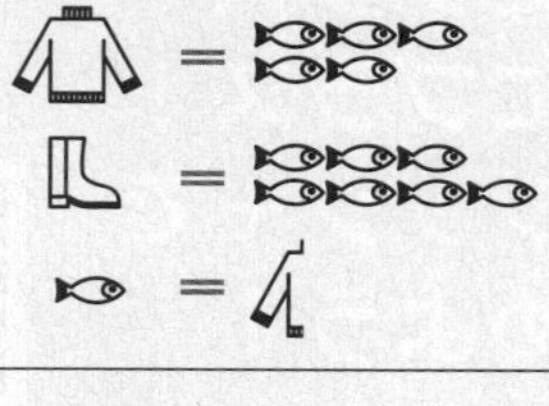

〈直感的な図表〉
図表を用いたほうが直感的にわかる場合は積極的に図表を用いています。

3 最初にポイントをつかむ

各章冒頭の「Learning Points」「Key Words」はその章で学ぶ内容や身につけたい目標です。あらかじめ把握することで効率的に学ぶことができ，予習や復習にも役立つでしょう。

Learning Points

▶金融政策の大きな目的は，物価やGDPなどで示されるマクロ経済を安定化させることです。
しかし他方では，過去の金融政策が現在のマクロ経済状況をつくり出しているという側面もあります。
そのため金融政策とマクロ経済を切り離して考えることはできず，両方を同時に見ていくことが重要です。現在の金融政策を理解するためには，過去の金融政策や，その当時のマクロ経済状況も知っておかねばなりません。
▶本章では，1970年代以降の日本のマクロ経済を見ていくことで，現在の日本経済の立ち位置を理解しましょう。

Key Words

マクロ経済 ミクロ経済 インフレ バブル

4 自分で調べ，考え，伝える

テキストを読むことのほか，他の文献やネットで調べること，インタビューすることなど，知識を得る方法はたくさんあります。また，議論を通じ他の人の考えから学べることも多くあるでしょう。

そんな能動的な学習のため，各章末に「Working」「Discussion」「Training」「さらに学びたい人のために（文献紹介）」等を用意しました。

Working　調べてみよう

1. 自分が所属するサークル・クラブあるいはアルバイト先の企業・組織の組織文化について調べてみよう。
2. 日産，日本航空，パナソニック（旧松下電器産業）などの企業から1社を選び，どのような組織変革を実施したか調べてみよう。

Discussion　議論しよう

1. 世の中には，お金を借りたい人と貸したい人が常に両方いるのはなぜでしょうか。お金を借りたい人・企業の数は常に変化するはずなのに，なぜお金を借りるときの金利はあまり変化しないのでしょうか。
2. 中央銀行が金利操作を行うと，理論的には物価はどのような水準にもなり得ますでしかし，現実にはそれほど物価が大きく変化しないのはなぜでしょうか。

Column　生まれながらのリーダーか？

本文でも説明したように，リーダーシップは生まれながらの資質・能力なのか生育環境や教育によって育まれる能力なのかに関して，理論的な決着はついていません。1つだけ確かなのは，先天的要因だけあるいは後天的要因だけでリーダーシップを説明することはできないということです。それゆえに，「自分はリーダーシップがない人間だ」などと思う必要はないのです。

企業や組織で権限と責任のある地位に就いた時には，まず司地位勢力（ヘッドシップ）とリーダーシップの関係を意識する必要があるでしょう。両者は厳密に区別されるわけではありませんが，「地位や権限を越えて，自分は部下（フォロアー）に影響を及ぼしているのだろうか」ということを自問自答することは有益です。こうした自覚はサークルやクラブ校投票に就く場合でも有益です。

また〔第5水準のリーダーシップ〕で描かれるリーダーは，派手にマスコミなどに取り上げられるタイプではなく，地道な努力を積み重ねるタイプであるということも説明しました。これは個人の特性もいますが，自覚と努力次第である程度は身につけられるものです。

このように，責任感を持って努力すれば，リーダーシップを発揮することは可能です。

5 …and more !!

実際の企業事例や，知っておくと知識の幅が広がるような話題をコラムにするなど，書籍ごとにその分野にあわせた学びの工夫を盛り込んでいます。ぜひ手にとってご覧ください。

＊教員向けサポートも充実！　https://www.chuokeizai.co.jp/basic-plus/

- テキストで使用されている図表や資料などのスライド
- 収録できなかった参考資料やデータ、HPの紹介などの情報
- WorkingやDiscussion，Trainingなどの解答や考え方（ヒント）　など

講義に役立つ資料や情報をシリーズ専用サイトで順次提供していく予定です。

6 シリーズラインアップ（刊行予定）
（タイトルや著者名は変更になる場合があります。）

ベーシック＋プラス
Basic Plus

ミクロ経済学の基礎	小川　光／家森信善　［著］	（A5判220頁）
マクロ経済学の基礎（第2版）	家森信善　［著］	（A5判212頁）
財政学	山重慎二　［著］	（A5判244頁）
公共経済学（第2版）	小川　光／西森　晃　［著］	（A5判248頁）
金融論（第4版）	家森信善　［著］	（A5判260頁）
金融政策（第2版）	小林照義　［著］	（A5判240頁）
労働経済学・環境経済学 など		
計量経済学・統計学 など		
日本経済論（第2版）	宮川　努／細野　薫／細谷　圭／川上淳之　［著］	（A5判272頁）
公共政策論	中川雅之　［著］	（A5判258頁）
地域政策（第2版）	山崎　朗／杉浦勝章／山本匡毅／豆本一茂／田村大樹／岡部遊志　［著］	（A5判272頁）
産業組織論	猪野弘明／北野泰樹　［著］	近刊
経済史	横山和輝／山本千映　［著］	近刊
日本経済史	杉山里枝　［著］	近刊
経営学入門	藤田　誠　［著］	（A5判260頁）
経営戦略	井上達彦／中川功一／川瀬真紀　［編著］	（A5判240頁）
経営組織	安藤史江／稲水伸行／西脇暢子／山岡　徹　［著］	（A5判248頁）
経営管理論	上野恭裕／馬場大治　［編著］	（A5判272頁）
企業統治	吉村典久／田中一弘／伊藤博之／稲葉祐之　［著］	（A5判236頁）
人的資源管理（第2版）	上林憲雄　［編著］	（A5判272頁）
組織行動論	開本浩矢　［編著］	（A5判272頁）
国際人的資源管理	関口倫紀／竹内規彦／井口知栄　［編著］	（A5判264頁）
技術経営	原　拓志／宮尾　学　［編著］	（A5判212頁）
イノベーション・マネジメント	長内　厚／水野由香里／中本龍市／鈴木信貴　［著］	（A5判244頁）
ファイナンス	井上光太郎／高橋大志／池田直史　［著］	（A5判272頁）
リスクマネジメント	柳瀬典由／石坂元一／山﨑尚志　［著］	（A5判260頁）
マーケティング	川上智子／岩本明憲／鈴木智子　［著］	近刊
流通論	渡辺達朗／松田温郎／新島裕基　［著］	近刊
消費者行動論	田中　洋　［著］	（A5判272頁）
物流論（第3版）	齊藤　実／矢野裕児／林　克彦　［著］	（A5判268頁）
会計学入門・財務会計 など		
法学入門・会社法 など		
民法総則	尾島茂樹　［著］	（A5判268頁）
金融商品取引法	梅本剛正　［著］	（A5判188頁）

（株）中央経済社
〒101-0051　東京都千代田区神田神保町1-35
Tel: 03（3293）3381　Fax: 03（3291）4437
E-mail: info@chuokeizai.co.jp

自動車メーカーの新製品開発においては，複数の新車開発のためのプロジェクト・チームが同時並行的に形成される**マルチプロジェクト**制を採用していることは有名です。また，日産自動車が2000年以降の全社的な改革に際して，クロス・ファンクショナル・チームという名称で，プロジェクト・チーム型の組織を活用したこともよく知られています。

7　業務プロセスと部門の統合

　組織構造，とくに部門化に関しては，「どのように分業するか」「いかにして分けるか」ということが主要な課題でした。これはいまでも変わりません。しかし，企業・組織が発展するに従って，いったんできあがった分業体制を見直して新たに部門を統合する必要も出てきます。前節で説明したプロジェクト組織も，部門統合の前段階である**部門間の連結**を図る組織的な取り組みであると理解できます。

　こうした部門統合を考える場合，企業・組織における業務プロセスにそった考え方が出てきています。**図表7-5**は，メーカーにおける業務プロセスと部門の統合に関する単純化したモデルです。

　この図でいえば，機能別組織は業務プロセスを切断して，機能（購買から販売）ごとに組織を輪切りにするような部門化です。それに対して，事業部制組織は，スマホ事業以下3つの事業について，おのおの購買から販売までの業務プロセスを構築するような部門化です。

　そうした従来の部門化に対して，部門の統合を行うのが**図表7-5**の下に描かれた図です。こうした発想は，すでに事業部制の実態の中には取り入れられていますが（**図表7-3**参照），近年ますますそうした発想が強くなっています。パナソニック（旧松下電器産業）が，伝統的な独立性の高い事業部制を修正し，営業・マーケティング本部を事業部横断的に設置したのも，こうした流れの顕著な例です。

図表7-5 ▶▶▶ 業務プロセスと部門の統合

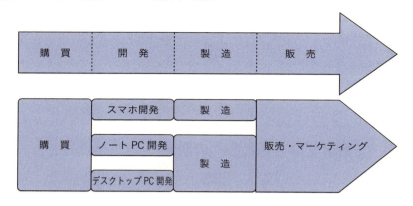

8　組織間関係とネットワーク組織

　経営という観点からすると，これまでの組織構造に加えて，組織間関係やネットワーク組織という視点も重要です。本書でこれまでに説明してきた，ステークホルダーと企業・組織の関係，戦略提携，系列，持株会社などの問題を理解する場合にも，これらの概念は有意義です。

　ステークホルダーとの関連で企業・組織を捉えることは，本書の中でいくどか説明したところです。ステークホルダーの中の株主を例にあげれば，個人株主のような個人も存在しますが，生命保険会社等の企業・組織である機関投資家が株主としては大きな存在感を持っており，企業（株式会社）の経営に影響を及ぼしています。このように，ステークホルダー論的な見方自体が，組織間関係的な見方と関連しているのです。

　組織間関係的な視点で重要なのは，ある企業・組織は他の企業・組織から広い意味での経営資源を獲得しなければ，存続することができないという点です。この点でもステークホルダー論的な見方と重なるといえるでしょう。

　他方，ネットワーク組織という概念は，情報ネットワークというように，情報通信網を意味する場合もありますが，経営学では，もっと広い意味で使用されます。系列，納入業者との関連，業界団体から個人的な人脈までネッ

トワークという概念で捉えることができます。第6章で説明した事業システムにおける企業間の協力関係構築（SPAにおける製造業者との関係構築など）なども，ネットワーク組織の一種とみなすことができます。

ネットワーク組織の概念は，この章で説明した官僚制の概念と対比して説明される場合も多いです。その特徴としては，以下のようなものをあげることができます。

①フラットで柔軟な結合

フラット化については本章で説明しましたが，ネットワーク組織とは，階層的な上下関係ではなく，**水平的でフラットな関係**を特徴とします。個人的な人脈や業界団体のつながりなどは，まさにフラットで対等な関係の典型です。

②組織の壁を越えた協働

1つの企業・組織内で事業を行うのではなく，他の企業・組織との協働関係を築くことでより大きな成果を得ようとすることです。すでに説明した戦略的提携，SPA，アウトソーシングなどはこれに該当します。

③経営資源，人材，情報の動員

これは，有力なネットワークを築くことで，経営資源の獲得が有利になることを意味します。たとえば，ブルーレイ陣営とHD-DVD陣営の規格競争では，ブルーレイ陣営がアメリカの大手映画会社を陣営に引き込んだことが勝敗を決したといわれます。これは映像ソフトというAV機器にとって有力な経営資源を獲得したことを意味します。

④判断基準が外部に存在

これは「市場が判断基準になる」と言い換えることができます。たとえば，自動車メーカーが新しい部品納入業者を選定する際には，品質とともに価格が大きな決定要因になるでしょう。このように，ネットワーク組織は，企業・組織内の基準ではなく，市場など組織外部の基準でものごとが判断されるという特徴があります。

⑤自己組織的で柔軟な組織

自己組織的とは，自然発生的，自律的，適応的などと言い換えることがで

きます。すなわち，上からの命令・指示で動くのではなく，自らの判断で状況の変化に臨機応変に対応することを意味します。

9 組織構造と調整

　組織構造とは「分業と調整のパターン」であるという説明をしましたが，ここまでの説明はどちらかといえば「分業の仕方」に力点がおかれていたといえるでしょう。そこで最後に，調整についてまとめて説明しておきましょう。調整のための時間や手間といった意味でのコストが低い方法から順に列挙すると，調整には以下のような方法があります。

　①階層性

　分業・部門化とともに組織構造の基本的な特徴として階層性があります。簡単にいえば上下関係ですが，階層性はものごとを調整するコストのかからない方法です。階層の適切なレベルで意思決定をするので，時間や手間が省けるということです。

　これは「上司や上層部が何でも決めること」と理解されるかもしれませんが，必ずしもそうではありません。どのような組織でもある程度は分権化により権限委譲されているので，階層の中間や下のほうでも，決められた権限の範囲内では意思決定がされるのです。

　②標準化・公式化

　これは，調整という言葉のイメージにそぐわない感じもありますが，よく考えてみれば調整という側面を持っています。標準化と公式化をすることで，分業における部門間あるいは個人間の仕事のやり方などに関して，ある程度は統一感を保つことができます。そうした意味では，標準化・公式化も調整方法の1つです。

　③プロジェクト組織

　これも一種の調整方法と捉えることができます。プロジェクト組織の特徴として「部門横断的チーム（いろいろな部門の人間が参加）」があることは

説明しましたが,これが一種の調整方法になっています。具体的にいえば,プロジェクト組織に参加するメンバーは,そのプロジェクトの課題に取り組むと同時に,自分が所属する部門の課題にも並行的にかかわることで,連絡や調整を行うことになります。こうした調整が行われる場合には,**プロダクト・マネジャー**,**ブランド・マネジャー**といった肩書を持つ役職が設定されるケースも多いです。

すでに説明したとおり,プロジェクト組織の発想をさらに推し進めると,マトリックス組織になります。マトリックス組織は,すでに説明したように,組織運営上の時間や手間はかかりますが,組織内の仕事の調整という点では優れているといわれます。

これらの方法は,①から③に進むに従って,時間や手間といった意味でのコストは上昇しますが,反対に「意思決定の質は高まる」という傾向があるといわれます。すなわち組織における調整方法に関しては「コストと質」は反比例の関係にあるといえるでしょう。

Working　　　　　　　　　　　　　　　　　　　　　調べてみよう

1. 興味のある企業をいくつか選び,その会社の組織図を見て,どのような部門化が採用されているか調べてみよう。
2. 1で調べた企業から1社を選び,その会社の組織図が歴史的にどのように変化してきたか調べてみよう。

Discussion　　　　　　　　　　　　　　　　　　　　議論しよう

1. Working の1で調べた企業について,採用されている部門化が異なるあるいは同じ(似ている)理由について議論してみよう。
2. Working の2で取り上げた企業について,今後どのような経営戦略を採用し,それに対応してどのような組織構造(部門化)を採用すればいいと思うか,議論してみよう。

▶▶▶さらに学びたい人のために

- 岸田民樹・田中政充［2009］『経営学説史』有斐閣。
- Chandler, Jr., A. D. [1962] *Strategy and structure*, The M.I.T. Press.（三菱経済研究所訳［1967］『経営戦略と組織』実業之日本社：有賀裕子訳［2004］『組織は戦略に従う』ダイヤモンド社）
- Daft, R. L. [2001] *Essentials of organization theory and design*（2nd ed.）, South-Western College Publishing.（高木晴夫訳［2002］『組織の経営学』ダイヤモンド社）

参考文献

- 沼上幹［2004］『組織デザイン』日本経済新聞社。
- 沼上幹・軽部大・加藤俊彦・田中一弘・島本実［2007］『組織の〈重さ〉』日本経済新聞出版社。
- 延岡健太郎［1996］『マルチプロジェクト戦略』有斐閣。
- 山倉健嗣［1993］『組織間関係』有斐閣。
- 若林直樹［2009］『ネットワーク組織』有斐閣。
- Daft, R. L. [1992] *Organization theory and design*（4th ed.）, West Publishing.
- Galbraith, J. R., Lawler III, E. E. & Associates [1993] *Organizing for the future*, Jossey-Bass.（寺本義也監訳［1996］『21世紀企業の組織デザイン』産業大学出版部）
- Galbraith, J. R. [2002] *Designing organizations*（New & revised ed.）, John Wiley & Sons.（梅津祐良訳［2002］『組織設計のマネジメント』生産性出版）
- Kingdon, D. R. [1973] *Matrix organization*, Tavistock Publications.（二神恭一・小林俊治訳［1982］『マトリックス組織入門』早稲田大学出版部）
- Mintzberg, H. [1979] *The structuring of organizations*, Prentice-Hall.
- Mintzberg, H. [1993] *Structure in fives*, Prentice-Hall.
- Nadler, D. A. & Tushman, M. L. [1997] *Competing by design*, Oxford University Press.（斎藤彰悟監訳・平野和子訳［1999］『競争優位の組織設計』春秋社）
- Perrow, C. [1972] *Complex organizations*, Scott, Foresman and Company.（佐藤慶幸監訳［1978］『現代組織論批判』早稲田大学出版部）
- Scott, W. R. [1992] *Organizations: rational, natural, and open system*（3rd ed.）, Prentice-Hall.
- Weber, M. [1956] *Wirtschaft und Gesellschaft*（vierte, neu herausgegebene Auflage）.（世良晃志郎訳［1960］『マックス・ウェーバー支配の社会学1』創文社）

第 8 章 組織文化

Learning Points

▶ この章では組織構造とならび「組織の枠組み作り」のもう1つの要因である組織文化の概念について学びます。組織文化とは,「組織の個性」「組織のパーソナリティ」「組織の性格」などともいわれる組織の特徴を指します。
▶ また,組織変革の基本的な考え方についても学びます。組織変革とは,簡単にいえば「古い組織文化を,新しい組織文化に変えること」ということができます。

Key Words

人工物　自覚された価値観・規範　基本的仮定　思考様式　行動様式
強い組織文化　下位文化

1　組織文化の概念

　第7章で説明した組織構造が,たとえていえば組織全体の**ハード**を意味する概念であるのに対して,組織文化は組織全体の**ソフト**を意味する概念であるという説明の仕方がよくされます。そのために,組織文化は「組織の個性」「組織のパーソナリティー」「組織のメンタル・モデル」などの言葉で説明されることが多いのです。

1.1　組織文化と組織風土

　経営学では,組織文化と類似した概念に**組織風土**という概念があります。これは,経営学の研究領域だけでなく,実務界やマスコミなどでも使用される言葉です。本章の冒頭でもふれたように,企業・会社の組織的な特徴を表現するのに「社風」なる言葉が使用されますが,この「風」という語は「風

土」から派生しています。「校風」という言葉も同様です。これらの例が示すように，「組織文化」よりも「組織風土」のほうが，日本語の日常的な用語法にはなじんでいるといえるかもしれません。

　経営学の研究の流れをみると，組織風土に関する研究と組織文化に関する研究とは，異なる方法を採用してきました。組織風土の研究は，「自然環境・物理的条件としての気候風土」になぞらえて**組織の雰囲気としての組織風土**を客観的な存在として測定しようと努めてきました。それに対して組織文化の研究者は，あとで説明するように，組織文化の根幹をなす価値観・規範を直接に把握しようと努力してきました。

　このように，研究上の方法でみた場合には，組織風土と組織文化は異なる概念とみなすことができます。しかし研究面でも実務面でも，2つの言葉は，基本的に同じような意味で使用されるケースが多いといえます（ただし，後で説明するように，若干意味上の違いはあります）。

1.2　組織文化のレベルと構成要素

　組織文化については，人によって定義の仕方が異なりますが，シャイン（E. H. Schein）の示した概念図はよく知られており，また他の組織文化の概念定義も包含したものです。彼は，組織文化には人工物，価値観，基本的仮定の3つのレベルがあると想定しています。ここでは，シャインの図式を基本にして少し修正をくわえつつ，他の研究者の見方も取り入れながら説明していくことにします（図表8-1参照）。

1.2.1　人工物（artifacts）

　このレベルは，相対的にみれば観察可能なレベルです。具体的には，以下のような要素をあげることができます。

①**オフィスのレイアウト**：企業・組織では，役員（取締役，執行役）クラスになると個室のオフィスを与えるケースが多くあります。しかし役員

図表8−1 ▶▶▶組織文化のレベルと構成要素

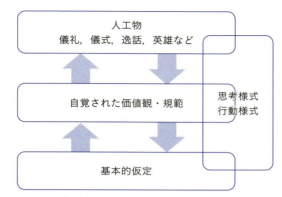

出所:清水紀彦・浜田幸雄訳［1989］『組織文化とリーダーシップ』ダイヤモンド社をもとに作成。

クラスでも，あえて個室を設けず，中間管理職と同様に相部屋にする組織もあります。

②**儀礼**：最近は，企業の中でも，「〇〇部長」のように役職名で呼ぶことをやめ，役職にかかわらず「〇〇さん」で統一するところもあるといわれています。これは一種の「組織内儀礼」です。また，服装に関しても，カジュアルな服装が許される組織もあれば，男性であれば「スーツとネクタイ着用」が暗黙のルールになっている組織もあります。これも組織内儀礼の1つです。

③**儀式**：企業・組織ではいろいろな表彰制度を設定している場合があります。それらの制度では受賞者に対して表彰式を開催することが多いですが，これは組織内儀式の典型的な例です。また，新入社員研修，管理職研修などは，知識・技能を高めるという目的と同時に一種の「通過儀礼」のような側面もあります。すなわち通過儀礼を受けることで，「わが社の一員」あるいは「管理職の一員」とみなされるようになるのです。

④**逸話**：組織の中には，語り草になっているような逸話というものがあります。それは，単なる笑い話にすぎない場合もありますが，しばしばその組織独特の価値観や規範を示しているケースが多いのです。

⑤ **英雄**：これは逸話とセットになっているケースも多いですが，その組織における価値観を体現しているような人物を意味します。英雄は，組織における**役割モデル**，**行動モデル**であるといわれます。すなわち組織における「お手本」を示しているということです。

⑥ **記章，社歌（校歌）**：学校には，記章（バッジ），校旗，校歌がある場合が多いですが，企業・組織にも記章や歌（社歌）がある場合が多いです。最近はバッジをしている人は減りましたが，皆無ではありません。また，始業時や集会の際に，社歌を歌う企業も少なからず存在します。

1.2.2 自覚された価値観・規範

いま説明したような人工物を支えあるいは生み出すのが，価値観あるいは規範です。組織文化の構成要素としての人工物は，それ自体に意味があるというよりは，それらを通して組織内の価値観・規範が組織メンバーに伝達されるという点に意味があります。

前にあげたオフィスの例を続けますと，役員クラスのトップの人たちに個室を与えるというのは，組織内における「上下関係・階層性を明確にする」という価値観・規範を具体的な形として表現していると考えられます。組織内での呼称についても，役職名をつけるという儀礼は，やはり上下関係・階層性を重視する価値観を反映しています。

それに対して，役員クラスでも大部屋を使用するというのは，上下関係・階層性よりも「フラットな組織」「緊密なコミュニケーションと情報の共有」を尊重するという価値観・規範を反映しています。役職名を使用せず「○○さん」という言い方を使用するのも，同じような価値観の表れです。

企業・組織の価値観・規範は，第4章でふれた**社是・社訓**などにも表現されています。そこにはまさに，企業・組織が掲げる価値観・規範が明確に述べられています。なお，社是・社訓などは会社案内などに明文化されているため人工物に分類することも可能ですが，これらは価値観・規範それ自体を表明しているので，人工物には含めないことにしました。

組織文化の研究者たちは，このレベルの価値観・規範を説明する際に表明された，自覚されたなどの形容詞をつけることが多いです。これは，あとで説明する基本的仮定との対比でいわれることですが，**自覚された価値観・規範**とは，日常的に組織メンバーがある程度自覚しているような価値観・規範を意味します。たとえば，「ここでは，自由に意見を言うことが許される」「ここでは，慎重に考えてから発言しなければいけない」などは，組織における価値観・規範を表していますが，これらが組織メンバーに自覚されており組織外の人に尋ねられた際にすぐに答えられるような場合には，自覚された価値観・規範とみなすことができます。

1.2.3　基本的仮定

　シャインの定式化では，価値観・規範よりも深いレベルに基本的仮定（basic assumptions）と呼ばれるものが存在するといいます。その意味するところは「自覚された価値観・規範」よりももっと根源的なレベルで組織メンバーの思考様式，態度，行動などを規定するものであり，組織内においてはそれに関する善悪の判断あるいは「好きか嫌いか」などが論じられることなく，当然のように受け入れられている基準です。あえていえば，**無意識の価値観・規範**とでもいうべきものです。

　シャインが定式化しているように，組織内に浸透している価値観・規範には，比較的容易に把握できるレベル（自覚された価値観・規範）と，組織外からはもちろん組織メンバーでさえ普段は意識していないようなレベル（基本的仮定）があるというのは，納得のいくところでしょう。しかし両者の違いは程度の差と考えるべきでしょう。すなわち，基本的仮定は把握しにくいものですが，まったく解明不可能なものとは考えられないのです。

　なお，**図表 8 － 1** にそくしていえば，組織風土は「自覚された価値観・規範」を意味しており，組織文化は基本的仮定を含めた全体を意味すると理解できます。

> Column　**文化のネットワーク**
>
> 　組織の中に，公式の仕事と並行して，いろいろな役回りを引き受ける人たちがおり，こうした人たちが組織文化を組織内に広めていくといわれます。その例としては，以下のような役割が挙げられます。
>
> ・**語り役**
> 　　組織内の諸事情に精通しており，組織内で起こった出来事について，解説をする人
> ・**聖職者**
> 　　聖職者が聖書に通じているように，組織の歴史に詳しく，トップが意思決定する際に，前例を引き合いに出しながらトップの判断を正当化してくれる人
> ・**耳打ち役**
> 　　トップを補佐するような役職にいて，トップの意思決定に影響を及ぼす人
> ・**うわさ屋**
> 　　組織内のゴシップ的な話題も含めた諸事情に詳しく，語り役とともに，組織の価値観・規範を伝える役割を担う
> ・**スパイ**
> 　　組織内のいろいろな人と接触でき実情に詳しい人物。トップの情報源になる
> ・**秘密結社**
> 　　組織内における自分たちの地位を高めるための非公式グループ。一種の派閥
>
> 出所：城山三郎監訳［1983］『シンボリック・マネジャー』新潮社を参照。

2　思考様式，行動様式と組織文化

　組織文化論においては，価値観・規範が強調されます。たしかに，価値観や規範が根源にあって，行動や考え方が影響を受けるという意味では，価値観や規範は重要な意味を持っています。

　しかし，経営という視点からすると，組織文化の構成要素として，組織メンバーの**思考様式**と**行動様式**も重要な意味を持ちます。

2.1 思考様式，行動様式と意思決定

　思考様式とは「ものの見方・考え方」であり，価値観・規範そのものとは異なります。しかし，われわれがものごとを考え判断する場合には，何らかの基準に基づいて判断するのであり，その際に拠り所になるのが価値観・規範です。そうした意味で，思考様式と価値観・規範は不可分の関係にあります。

　たとえば，企業経営においては「効率」が価値観として重視されます。それゆえに，何を行うにも「効率的な方法を選ぼう」という考え方になります。それは，「出張に行く際に，もっとも安く・速い手段を選ぶ」といったレベルから企業買収といったレベルにいたるまで，どのレベルでも同様です。

　他方，思考と行動は言葉としては別ですが，経営においては同じような意味を持ちます。もちろん，まったく判断を必要としない単純労働の場合には，思考と行動は別の事柄でしょう。しかし，経営における人間の行動は，レベルは異なりますが，何らかの判断をともなう場合が多いのです。

　たとえば，コンビニエンス・ストアの仕事はかなり標準化されており，レジで商品の金額をバーコードで読み取り代金を受け取るまでの行動には，判断の余地はほとんどないかもしれません。しかし，商品をどのように袋に詰めるかに関しては判断しながらの行動が必要であり，さらに商品の発注にいたってはおおいに人間の判断が必要とされます。

　この例に限らず，企業・組織の中における行動とは，程度の差はあるものの，判断を必要とする場合が多いのです。経営におけるこうした側面に注目したのが，第1章で説明した**意思決定論**です。企業・組織における意思決定とは，同業他社と合併するか否かといった戦略的重要性が高いレベルから，コンビニエンス・ストアの店舗で「弁当をいくつ仕入れるか」というレベルまであります。こうしたレベルの高低あるいは判断の難しさに違いはありますが，ほとんどの行動には意思決定がともなっているのです。

2.2 意思決定の一貫性・統一性と組織文化

いま説明したように，企業・組織における行動には何らかの意思決定がともないます。そして，企業・組織を経営する立場からみれば，組織メンバーの思考様式と行動様式すなわち意思決定に一貫性と統一性が生まれることのほうが，価値観・規範それ自体が共有されることよりも意義は大きいのです。

ここでいう意思決定の一貫性・統一性とは，組織メンバー全員がまったく同じ考え方・判断をするという意味ではありません。そうではなく，ある一定の幅の中で価値観や規範が共有された結果として，組織メンバーの意思決定が組織の外部からみて一貫性・統一性があるようにみえることを意味します。

たとえば，CSRや企業倫理は今日，経営における重要な課題といわれ，多くの企業・組織がさまざまな倫理政策を実施していることは，第3章で説明したとおりです。こうした倫理政策は，価値観・規範それ自体を組織メンバーに浸透させるとともに，現実にも組織メンバーが，倫理的で責任ある判断と行動をすることを期待しています。頭では倫理・CSRを理解していても，実際の行動にそうした価値観・規範が反映していなければ意味をなしません。この例に限らず，「革新的であれ」「世界最高の品質を目指せ」「つねに顧客を第一に考えよ」などの価値観・規範は，実際の組織内における意思決定に生かされなくては「絵に描いた餅」にすぎないのです。

以上のような理由で，組織文化を考える場合，価値観・規範の共有と同時に，組織メンバーの思考様式と行動様式，すなわち意思決定の一貫性・統一性にも注目する必要があります。

3 強い組織文化と下位文化

ここまでの説明では「組織メンバーに共有された」という形容をあまりしてきませんでしたが，組織文化を説明する際には**組織メンバーに共有された**

価値観・規範,「組織メンバーに共通してみられる思考・行動様式」といった表現がしばしばされます。ここまでの説明でも「組織メンバーに共有された」という表現をした箇所がありますが，この点に関しては少し吟味する必要があります。換言すれば，「あらゆる組織に，メンバーに共有された価値観・規範と共通の思考・行動様式が存在するのか」ということです。

メンバーに共有された価値観・規範に関連しては，**強い組織文化**という表現があります。これは，価値観・規範が共有される程度が高く，また思考・行動様式の共通性の程度が高い組織を指します。強い組織文化という表現がされること自体が，じつは暗に「弱い組織文化」も存在しうることを意味しています（「弱い組織文化」という表現は，一般にはあまりされませんが）。弱い組織文化に関しては，以下のような2つの見方があります。

① **分化（differentiated）した組織文化**：部門，職種などに応じて，組織内に**下位文化**（subculture）が形成されている状況を意味します。
② **分裂した（fragmented）組織文化**：組織内のさまざまな非公式集団が下位文化を形成し，価値観，思考・行動様式などに統一性がほとんどみられない状況を指します。

この点を説明するには，下位文化について理解することがポイントになるでしょう。下位文化とは，組織内の部門や**非公式組織**（同期入社の人たちのつながり，同じ出身校のつながりなど）において形成される組織文化です。たとえば，企業・組織の中でも，製造，経理，法務などの部門は「堅い」イメージの組織文化であるのに対して，営業，販売，マーケティングなどの部門は「快活な」イメージがあります。これは単にイメージだけでなく，部門で行う仕事の性質も関係していますが，思考・行動様式にも現れます。

また，組織内には「同期入社」「出身校が同じ」「以前の職場の上司・先輩」などの人的なつながりで，現在のポジションとは直接的には関係のない非公式組織が形成される場合が多いです。こうした非公式組織においても下位文化が形成されることはあります。

これらの下位文化と「強い組織文化」の関連を考えると以下のようになります。強い組織文化とは，「部門ごとの下位文化」も「非公式組織の下位文化」も存在しない状態を指すのではなく，そうした多様な下位文化を抱えつつ，価値観・規範，思考・行動様式の面で，組織全体の一貫性・統一性を保っているような状況を指します。

　それに対して，部門の下位文化あるいは非公式組織の下位文化が強くなりすぎ，部門間のコンフリクトが大きく，組織としての全体的な価値観，行動様式などがみられない場合には，「分化した組織文化」あるいは「分裂した組織文化」と呼ばれる状態に陥ります。企業の業績が低迷している時期は，こうした分化した組織文化，あるいは分裂した組織文化の状態にある場合が多いのです。

4 組織文化の機能と逆機能

　強い組織文化が存在する場合，組織文化とはどのような機能を果たすのでしょうか。これについては，以下のように説明することができます。

4.1 組織文化のコントロール機能

　組織文化は，価値観・規範の共有と思考・行動様式の均一化をもたらすことで，組織としての一貫性・統一性を保つということはすでに説明しました。これを違う視点からみると，組織文化は**組織の調整メカニズム**，**組織メンバーのコントロール機能**，あるいは**統合機能**を果たしていると理解できます。

　コントロール（control）という言葉は「目標値と実績との差を測定し，その差を埋めるための手段を講じる」といった狭い意味で使用される場合もあります。年度の売上高の実績が目標値に到達しそうもないので，値引き幅を大きくしてでも売上高を伸ばそうとすることも，コントロールの例です。しかしこの種の**事後的なコントロール**でなく，**事前的コントロール**，あるい

は**プロセスのコントロール**も必要です。

　前の章で説明した組織構造の中では，階層性はあえていえば「事後的なコントロール」です。「現場で判断できない事態が起こった場合に上司に相談する」というのは事後的な階層的コントロールです。

　それに対して，専門化，公式化，標準化と分権化は事前的，あるいはプロセスのコントロールです。組織の中で，「誰がこの仕事をするか」（専門化），「どのように仕事を行うべきか」（標準化と公式化），「どのような権限があるか」（分権化）が決められているという点で，事前的，あるいはプロセスのコントロールといえます。

　しかし実際に仕事をする際に，マニュアル，規則や業務記録などの文書をいちいち参照することは，それほど多くありません。もちろん，初めて仕事を担当する場合や，何か不明なことがあった場合には，そうした文書に目を通すことはあります。しかし，とくに日本の企業・組織の場合は，マニュアルを覚えるよりも，実際に仕事をしながら仕事のやり方を覚えていくのが一般的です。そうした日常業務の中で，組織の公式的な手続き，規則などを覚えていきます。

　それと並行して，公式化されていない組織での思考・行動様式と価値観・規範を習得していくのです。日本の企業・組織でも，マニュアルを整備するところが増えています。しかし，すべての事柄とその対処法がマニュアルに記載されているわけではありません。そうすると，「マニュアルにない，その組織にふさわしい対処法」を考えなくてはなりません。そうした場合に，その組織の思考・行動様式を習得していることが重要なのです。

　組織においてメンバーが思考・行動様式や価値観・規範を習得する学習過程は，**社会化**（socialization）と呼ばれます。この概念を使用すれば，組織文化とは組織における社会化を促進する形で組織のコントロール機能を発揮していると表現できます。公式化などの組織構造でカバーできない部分を，組織文化が補完することで，組織としての一貫性・統一性を保っているのです。

4.2 組織文化と環境適応

　組織文化には外部環境への適応機能もあるといわれています。これは，すでに説明した経営理念，ドメインや経営戦略と関連しています。なかでも経営理念は，まさに企業・組織の基本的な価値観・規範を意味しており，組織文化の中核をなすものです。

　これもすでに説明したとおり，「経営理念→目的→経営戦略」という図式が成り立ちます。経営理念とは，企業・組織の価値観・規範の表明ですから，これはまさに組織文化の構成要素であり，そうした意味では，経営戦略は組織文化によって規定されるという言い方ができます。それゆえに，チャンドラーの命題とは逆に**「戦略は組織に従う」**という命題も成立しうるのです。経営戦略とは，企業・組織が外部環境の変化に適応しながら存続・成長するための中長期的な構想です。そうした経営戦略を支える経営理念，すなわち価値観・規範は組織文化の重要な構成要素であるという点で，組織文化は外部環境への適応という機能も果たしています。

　これについてもう少し説明しますと，意思決定論では人間の意思決定は**価値前提**と**事実前提**に基づいてなされるといわれています。価値前提とは，一般的な意味での価値観・規範であり，この部分はまさに組織文化の構成要素です。これに対して事実前提とは，状況判断，事実認識です。すなわち，価値前提が「こうあるべきだ」「こうしたい」といういわば願望を意味するのに対して，事実前提とは「現実はこうである」という冷静な状況分析を意味します。

　この意思決定論の発想によると，経営戦略は価値前提としての経営理念によって規定されており，この面では組織文化に規定されているということができるのです。

　ただし，経営戦略は，事実前提である状況判断にも規定されるという意味で，組織文化の中に完全に組み込まれているとは考えるべきではありません。実際，ポートフォリオ・プランニングなどの企業戦略の分析手法は，価値的な側面はほとんど無視して，できる限り客観的な数値・事実に基づいた分析

図表8-2 ▶▶▶経営理念,経営戦略と組織文化

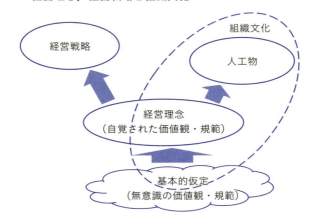

を模索してきたのです。いま説明した関係を図で表現すると**図表8-2**のようになります。

4.3 組織文化の逆機能

　強い組織文化は，いま説明したような機能を果たす一方，逆機能をきたす場合もあるといわれますが，それは**過剰適応**という言葉で表現されます。過剰適応とは，特定の経営環境に適応した組織文化がもたらす価値観・規範と思考・行動様式（意思決定）の均一化・同質化は，環境が変化した場合には組織がうまく環境に適応することを妨げる要因になることを意味します。

　たとえば，パナソニック（旧松下電器産業）は，創業者松下幸之助が唱えた「生活に役立つ物を，水道の水のように安く大量に製造・販売する」という「水道哲学」と呼ばれる経営理念に基づき，大量生産・大量販売で成長してきました。そして，こうした経営を実現するための組織文化が形成されていったのです。

　しかし高度経済成長の時代は過ぎ，またバブル経済が崩壊した後の長い不況の時代に入ると，こうした水道哲学自体と水道哲学に基づいた組織文化を

はじめとする経営の諸要因（経営戦略や組織構造）が，経営環境にそぐわなくなってきました。そのためパナソニックは「大きなものよりも速いものが勝つ」という経営理念の修正・転換を行い，組織文化や組織構造の変革に取り組むことで業績低迷に歯止めをかけ，新たな成長路線に乗ったのです。

こうした過剰適応の問題は，経営戦略が環境適応という発想に強く影響されているのと同じく，組織文化も環境適応という観点が不可欠であることを意味します。また，後で説明する組織文化の変革とも関連してきます。

5 経営戦略，組織構造と組織文化

5.1 経営戦略との関連

前節の説明でもふれたとおり，組織文化は経営戦略と密接に関連しています。**図表8－2**をみればわかるとおり，経営戦略も組織文化も，経営理念に影響を受けるという点で，両者は根っこの部分でつながっているといえるのです。

たとえば，競争戦略においてコスト・リーダーシップの戦略を採用するか差別化を採用するかは，ポーターのファイブ・フォーシーズ・モデルによって客観的に決定される面もありますが，最終的にはその企業・組織の持つ価値観にも左右される面があることは否定できません。とくに，創業者が経営の実権を握っている場合には，客観的な判断もさることながら，創業者の価値観あるいは「思い入れ」のようなものが強く影響します。これは，経営戦略にも組織文化にも多大な影響を及ぼすことになります。

また，新しい事業を立ち上げる際にも，経営者や企業・組織の価値観は大きな影響を及ぼします。たとえば，検索エンジン・ソフトで有名なGoogleは，世界的に成功している企業の代表格の1つですが，その成功の根本には，「誰もが便利にインターネットで情報を探せるようにしたい」という価値観があったといわれています。こうした価値観・経営理念が，経営戦略や組織文化

を形成する基礎になっています。

5.2 組織構造との関連

　組織構造が組織のハードであるのに対して，組織文化は組織のソフトであるという説明をしました。基本的には，こうした理解をしたほうがわかりやすいでしょう。しかし少し考えてみると，実際には両者はそれほどきれいに区別できることではなく，意外と重なる部分が大きいのです。

　組織構造の要素（専門化，階層性，分権化など）は第 7 章で説明したとおりですが，こうした組織構造自体は組織文化とは別の現象とみなすことができます。しかし「なぜその組織がそのような組織構造になっているのか」を理解しようとすると，組織文化がかかわってくる面があります。

　たとえば，**標準化**と**公式化**をセットにした**マニュアル化**は多くの企業・組織で実施されています。しかし，どの程度マニュアル化を行うかは，仕事の特性，メンバーの能力水準などの客観的な要因で決定される面もありますが，組織文化を形成する根本的な価値観によって影響される面もあります。すなわち，経営者が「マニュアルを作って仕事をさせるのがもっとも効率的で有効な方法だ」という価値観を持っていれば，マニュアル化が進むでしょう。逆に「マニュアルは必要な時にだけ見ればよく，従業員の機転の利いた仕事が重要だ」と経営者が考えていれば，マニュアル化はあまり進まないでしょう。こうした価値観は，分権化（権限の委譲）にもあてはまるでしょう。

　もちろん，組織構造は組織文化だけで決定されるのではなく，企業・組織がおかれている環境，事業の性格などによっても決定されます。しかしここで強調しておきたいのは，客観的な要因だけでなく，組織文化が組織構造を規定する面があり，また逆に組織構造が組織文化に影響を与える側面もあるという相互作用の関係にあるという点です。

6　組織文化の変革

　経営学の見地からすれば，「組織文化の変革」は重要なテーマです。組織文化の逆機能の箇所で説明したとおり，形成された（強い）組織文化がいつまでも有効に機能するとは限りません。環境に適応して戦略を変更する必要があるのと同じく，組織文化も変更に迫られることがあります。

　組織文化の変革とは，簡単にいえば，「従来の価値観・規範，思考・行動様式を捨て去り，新しい価値観・規範，思考・行動様式を作り出すこと」ということになります。このように，文字にして書くだけならば，組織文化の変革は容易です。

　しかし，この章のはじめに，組織文化とは「組織のパーソナリティーのようなものである」と述べましたが，「個人のパーソナリティーは変化しにくい」ということが心理学の分野では通説となっています。この命題が正しいとすれば，組織の基本的パーソナリティーである組織文化の変革も容易ではないということになります。とくに，組織文化の構成要素のうち**基本的仮定**（無意識の価値観・規範）は短期間のうちに変化することはないといえるでしょう。

　こうした見方があるにもかかわらず，組織文化の変革に関する研究や本が数多く出されるのは，それが企業・組織の存続・成長にとって不可欠であるという現実的な認識があるからです。

　組織文化の変革を考える場合，図表8－3に示した**組織変革**の基本プロセスに関する図式が参考になります。組織変革という概念は，組織文化よりも古くから経営学の領域で使用されてきたものですが，その実質的な内容は組織文化の変革に他なりません。

　図表8－3はもっとも基本的なモデルであり，この3段階をもっと細かく分けて組織変革のプロセスを示す場合もあります。しかし，基本的な考え方はこの図で示されたとおりです。

　図表8－3で示したプロセスを実行するために必要な方法としては，以

図表8−3 ▶▶▶ 組織変革の基本プロセス

氷　解 → 変　容 → 再氷結

- 変革の認識
- 変革意識の高揚
- 現状維持に対する疑問を喚起
- 成功体験の再検討（unlearning）

- 新しい価値観, 思考・行動様式の模索
- 役割モデルの設定（change agent）

- 新しい価値観, 思考・行動様式の定着
- 新しい組織文化の支持と強化

下のようなものが考えられます。

6.1　トップによる変革意識の高揚と経営理念・ビジョンの提示

　組織文化の変革には，企業・組織のトップが現状維持に対する疑問を抱き，変革の必要性を認識し，それを率先して組織内のメンバーに伝える必要があります。図表8−3の氷解の箇所に書かれていることは，みな同じような事柄を違う言葉で表現しているにすぎません。

　しかし，現状維持への危機感をあおるだけでは，いたずらに組織は混乱するだけになります。そこで，新しい経営理念・ビジョンを提示することが重要です。パナソニックの場合は，さきにふれたとおり，「大量生産, 大量販売」という経営理念から「速さの追求」へと経営理念の転換を図りました。これは，市場の変化が速くなったという環境変化に適応するための理念の変更です。

　日本の企業・組織の場合は，**内部昇進**（特定の企業・組織の中で昇進していくこと）でトップの地位につく場合が多いですが，外部からトップを迎えるケースもあります。とくに，組織文化の変革を含めた大規模な組織変革を行う場合に，外部からトップを招くケースは多いです。アサヒビール，日産，りそな銀行，日本航空などは，東証1部上場企業で外部からトップ（社長）を迎えて組織変革を行った企業です。こうした**トップの交代**は，それ自体が

かなり大きな組織文化変革のメッセージあるいは引き金になります。

6.2　組織構造の変革

　組織文化論の見地からすれば，社長が示す経営理念・ビジョンは，いわば**人工物**にすぎません。これが，組織メンバーに自覚され，そして無意識のレベルにまで定着して，はじめて組織文化といえます。そのためにはいろいろな方法を駆使する必要がありますが，その大きな要因として組織構造の変更があります。

　組織文化と組織構造が相互作用の関係にあり，組織構造が組織文化を規定する側面もあるということは，すでに述べたとおりです。たとえばパナソニックの場合は，事業部ごとの営業体制を見直し，複数の事業部をまとめた**マーケティング本部**を設定することで，市場・顧客の動向を製品開発や販売戦略に生かせるようにしました。これは，たんに組織図を書き換えることに意味があるのではなく，組織構造の変更によって，従業員の思考・行動様式が変わる点に意義があります。

　また，カンパニー制，持株会社などを導入する際に実施される**分権化**も組織メンバーの思考・行動様式に大きな影響を及ぼします。とくに大企業の場合，部門や個人の責任は曖昧になりがちですが，分権化することで，権限が増えると同時に責任も増すことになります。そうなれば，当然人間の考え方や行動の仕方も変わってきます。こうした効果は，**組織のフラット化**でも期待できます。

　さらに，**プロジェクト・チーム**，**タスク・フォース**などを活用することも，組織文化の変革にとって有効です。これは，トップが主導しますが，**ミドル・アップ**的な組織変革の推進といえます。これに関しては，日産がゴーン社長のもとで多くの**クロス・ファンクショナル・チーム**（CFT）を活用して組織文化の変革を図った事例が有名です。

6.3 人事制度

組織文化の変革との関連が意識されるケースは少ないですが，じつは**人事制度（人的資源管理）**の変更も，組織文化の変革に大きな影響を及ぼします。人事制度は，企業・組織の外部からはみえにくいですが，その組織で働いている人間にとっては，私生活にまで影響を及ぼすという意味で非常に大きな影響を持っています。そうした意味で，人事制度によっても，人間の思考・行動様式や価値観は影響を受けます。

いまは人事制度の中でも，**給与体系**と**人事評価**について述べましたが，他にも**採用**や**人事異動**も組織文化の変革に影響を及ぼします。とくに，中途採用で従来とは異なる価値観を持った人間を採用することは，組織文化の変革に影響を及ぼすことになります。

Column　成果主義型人事と組織文化

日本の多くの企業では，1990年代半ばから2000年代中頃まで，**成果主義型人事制度**がさかんに導入されました。この制度では，「1人1人の仕事の成果」が従来よりも厳格に問われることになりました。経営という立場からすれば「仕事の成果を問う」というのは当たり前のようにも思われますが，この制度には意外な盲点がありました。

まず従業員が「短期的に成果が数字に表れる仕事」はやるが，長いスパンでじっくり取り組む仕事をやらなくなってしまったということです。また日本企業の強みはチームワークにあるといわれてきたのですが，これも成果主義導入と同時に「自分の手柄」を競うようになってしまいました。これは，人事制度の影響で，人間の思考・行動様式が変化した例といえます。

こうした弊害に対処するため，成果主義型人事制度にも変更が加えられ，短期の成果だけでなく中長期的な仕事の取り組みも評価したり，チーム・部門への貢献も評価したりするようになってきています。

7　機能主義と解釈主義

　本書はこれまで，基本的には**機能主義・客観主義的**な立場で経営を説明してきました。機能主義・客観主義の特徴は**図表8-4**に示したとおりです。
　たとえば，企業・組織の外部に経営環境が「客観的な条件として存在する」という考え方や，組織構造を客観的な現象として捉えるのは，機能主義的な見方です。
　それに対する**解釈主義・主観主義**あるいは**組織シンボリズム**と呼ばれる立場の特徴も，**図表8-4**に示したとおりです。本章で説明してきた組織文化論は，どちらかといえば解釈主義・主観主義の見方が強いです。とくに，人間の無意識の価値観・規範および自覚された価値観・規範を重視するということは，人間の主観を重視することと同じ意味です。
　形式的にはこれら2つの考え方あるいは主義を相対立する軸として設定することは可能です。しかし，実際の経営学研究においては，両者は峻別されているわけではなく，折衷的な立場で行われる研究も多いです。
　ましてや，実戦的な立場で経営を考える場合には，両者の厳密な区別はさほど意味をなさないでしょう。しかし，ものごとを考えて判断する場合に，これら2つの見方があることを自覚しておくことは意義があります。
　たとえば，**ブランド**とは，基本的には人々が製品・サービスあるいは企業・

図表8-4 ▶▶▶ 機能主義・客観主義と解釈主義・主観主義

機能主義・客観主義のアプローチ	諸仮定の次元	解釈主義・主観主義のアプローチ
実在論：現実＝人間の外側に客観的に実在	存在論	唯名論：人間の外側にある現実＝概念で構成される
実証主義：構成要素間の規則性，因果関係を探求	認識論	反実証主義：社会現象の規則性を否定＝直接的関与を重視
決定論：人間の行動は環境によって決定される	人間性	主意主義：人間の行動は，その自由意志による
法則定立的：科学的な仮説設定ーテスト（定量的方法）	方法論	個性的記述：詳細な背景，生活史を探求（定量的方法）

出所：鎌田伸一・金井一頼・野中郁次郎訳［1986］『組織理論のパラダイム』千倉書房，6頁をもとに作成。

組織に対して抱く「主観的なイメージ」です。しかし，特定のブランドに関して多くの人が似たようなイメージを抱くと，それはあたかも「客観的な存在」と同じような意味を持っています。企業・組織が行うブランド・マネジメントとは，人々の主観性に訴えかけることで，「疑似的に客観的な存在としてのブランド」を構築しようとしているのです。また，具体的な製品についても，客観的・物理的に測定できる性能（PC の処理速度，自動車の燃費・加速性能など）と同等以上に，色やデザインといった主観的に評価される要素が大きく売上に関連してきます。

これらの例が示すような事柄は，**間主観性**あるいは**社会的に構成される現実**などと呼ばれます。

以上のように，経営の実践においても，じつは主観的な側面と客観的な側面の双方に目配りをする必要があるということです。

Working　　　　　　　　　　　　　　　　　　　　　　調べてみよう

1. 自分が所属するサークル・クラブあるいはアルバイト先の企業・組織の組織文化について調べてみよう。
2. 日産, 日本航空, パナソニック（旧松下電器産業）などの企業から 1 社を選び，どのような組織変革を実施したか調べてみよう。

Discussion　　　　　　　　　　　　　　　　　　　　　　議論しよう

1. Working の 1 で調べたサークル・クラブまたは企業・組織について，なぜそのような組織文化が形成されたのか，その理由について議論してみよう。
2. Working の 1 で取り上げた企業・組織またはサークル・クラブについて，Working の 2 で調べたことを参考にして，「組織変革が必要か否か」，「変革が必要な場合，どのように変革を行うべきか」を議論してみよう。

▶▶▶さらに学びたい人のために

- Peters, T. J. & Waterman Jr., R. H.［1982］*In search of excellence*, Harper & Row.（大前研一訳［2003（1983）］『エクセレント・カンパニー』講談社, 1983年；英治出版, 2003年）
- Schein, E. H.［1985］*Organizational culture and leadership*, Jossey-Bass.（清水紀彦・浜田幸雄訳［1989］『組織文化とリーダーシップ』ダイヤモンド社）

参考文献

- 大月博司［2005］『組織変革とパラドックス（改訂版）』同文舘出版。
- 加護野忠男［1988］『組織認識論』千倉書房。
- 河野豊弘［1988］『変革の企業文化』講談社。
- 坂下昭宣［2007］『経営学への招待（第3版）』白桃書房。
- 高橋正泰［2006］『組織シンボリズム（増補版）』同文舘出版。
- 藤田誠［1991］「組織風土・文化と組織コミットメント」『組織科学』第25巻第1号, 78-92頁。
- Burrell, G. & Morgan, G.［1979］*Sociological paradigms and organisational analysis*, Heinemann.（鎌田伸一・金井一頼・野中郁次郎訳［1986］『組織理論のパラダイム』千倉書房）
- Deal, T. E. & Kennedy, A. A.［1982］*Corporate cultures,* Addison Wesley.（城山三郎監訳［1983］『シンボリック・マネジャー』新潮社）
- Deal, T. E. & Kennedy, A. A.［1999］*The new corporate cultures,* Perseus Publishing.
- Frost, P. J., Moore, L. F., Louis, M. R., Lundberg, C. C. & Martin, J. (Eds.)［1991］*Reframing organizational culture,* Sage Publications.
- Schein, E. H.［1992］*Organizational culture and leadership* (2nd ed.), Jossey-Bass.
- Simon, H. A.［1976］*Administrative behavior* (3rd ed.), Free Press.（松田武彦・高柳暁・二村敏子訳［1989］『経営行動』ダイヤモンド社）
- Simon, H. A.［1997］*Administrative behavior* (4th ed.), Free Press.（二村敏子・桑田耕太郎・高尾義明・西脇暢子・高柳美香［2009］『新版経営行動』ダイヤモンド社）
- Tushman, M. L. & O'Reilly III, C. A.［1997］*Winning through innovation,* Harvard Business School Press.（齊藤彰悟監訳・平野和子訳［1997］『競争優位のイノベーション』ダイヤモンド社）

第9章 コンフリクトのマネジメント

Learning Points
▶ この章では，組織の中における「個人と個人の間の争い・コンフリクト」と「部門と部門の間の争い・コンフリクト」が発生する原因と，それへの対処方法に関する基本的方法を学びます。
▶ また，コンフリクトへの対応策の1つである「交渉」について，交渉がうまくいかない原因と交渉をうまくまとめる方法について学びます。

Key Words
潜在的コンフリクトと顕在化したコンフリクト　下位文化　社会化　交渉

1 コンフリクトの概念

　コンフリクトという概念の定義についてもいろいろな考え方があります。しかし，「2つ以上の行為（利害）を同時に実現することが困難で，いずれかの行為（利害）を実現するためには，他の行為（利害）をある程度変更，あるいは犠牲にする必要がある状態」という定義が可能です。

　こうした定義からいえば，コンフリクトは以下のようなさまざまなレベルで起こる可能性があります。

①個人内のコンフリクト

　たとえば，今度の日曜日に仕事を片づけるために出勤しなければならなくなりそうだが，その日は家族と出かける約束になっていたとしましょう。こうした場合に，仕事を優先させるか家族との約束を守るかといったことも，卑近な例ではありますが，個人内のコンフリクトといえます。

②組織内コンフリクト（個人間コンフリクト）

　学生生活あるいはアルバイトにおいても，個人間のちょっとしたいさかい

やぶつかり合いは，珍しいことではないでしょう。企業・組織においても，個人間での意見の相違といったコンフリクトは存在します。

③**組織内コンフリクト（部門間コンフリクト）**

クラブ・サークル活動，アルバイトなどでも，部門間のコンフリクトは生じてくる場合があります。たとえば，飲食店のアルバイトであれば，厨房部門とホール部門（オーダー取りと料理・飲料の運搬係）とでは，仕事の進め方などで衝突することはあるでしょう。企業・組織では，1つの部門が大きくなるので，部門間でコンフリクトが生じた場合にはその衝撃も大きなものになります。

④**組織間コンフリクト**

企業間における特許侵害をめぐる争い，独占禁止法適用をめぐる企業と行政機関の間の争いなどが組織間コンフリクトの例です。武力行使をともなう国家間の紛争，すなわち戦争は，もっとも規模が大きく，またもっとも激しい組織間コンフリクトの例です。

以上のように，コンフリクトは個人内，個人間，組織の部門間，組織間で生じる可能性があります。しかし，ここでは組織内における個人間コンフリクトと部門間コンフリクト，すなわち**組織内コンフリクト**に絞って検討していきます。

⑤**潜在的コンフリクトと顕在化したコンフリクト**

いま説明した分類とは別に，コンフリクトを理解するうえで重要な側面があります。それは，**潜在的コンフリクト**と**顕在化したコンフリクト**です。会議の席で激しい口論になる，正式に抗議を申し入れるなどは，顕在化したコンフリクトがある状態です。それに対して，表面的にはみえにくいですが，価値観や考え方に食い違いがあるような状態は，潜在的コンフリクトがある状態です。

組織内コンフリクトを理解する場合，顕在化したコンフリクトと同等以上に，潜在的コンフリクトにも注意を払う必要があります。顕在化したコンフ

リクトに対しては，後で説明するような方法のいずれかあるいは複数を使用して，コンフリクトを解消あるいは軽減することが可能です。しかし，潜在的コンフリクトは，コンフリクトの存在自体が認識されていないので，解決しようという努力さえなされません。それは一見すると組織がうまく運営されているようにみえますが，実はお互いに干渉しないだけであり，組織における協力・協働が行われていないことを意味します。そうした意味で，経営という見地からすれば，企業・組織における潜在的コンフリクトにも注意する必要があります。

⑥コンフリクトと組織の成果

これまでの研究では組織においてはある程度コンフリクトがあるほうが，組織が健全で活性化されている証拠であると考えられます。こうした考え方を簡単な図で示すと，**図表9－1**のようになります。

2 コンフリクトの源泉

コンフリクトといっても，さまざまなレベルがあることはすでに述べました。ここでは，組織内コンフリクトが生じる原因について説明していきます。

図表9－1 ▶ ▶ ▶ コンフリクトのレベルと成果

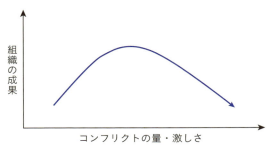

2.1 個人特性

日常的な口論でも「要するに,価値観の違いだね」ということがいわれるように,個人特性がコンフリクトの源泉の1つとして考えられます。個人特性とは個人的な**価値観**,信念,あるいは**人格**（**パーソナリティ**）などを意味します。

価値観は,第8章で説明した**組織文化**のキーワードでもありました。ただし組織文化の場合には,「組織メンバーに共有された価値観」がポイントでした。しかし,ここで意味しているのは,あくまでも個人的な価値観です。

たとえば,企業の従業員の中でも,懸命に働き出世を目指す人もいれば,必要最小限だけ働き余暇を楽しみたいと思う人もいます。こうした個人的な価値観あるいは労働観の違いは,仕事に対する基本的な考え方の違いを生み,結果として組織内コンフリクトを引き起こす原因になります。

経営には人間がかかわるので,さまざまな局面で個人の価値観,規範,考え方などが影響してきます。こうした個人特性の相違が,組織内におけるコンフリクトの源泉の1つです。

2.2 状況要因

この状況要因と **2.3 組織的要因**とは,現実には完全に区別することは難しいですが,概念整理のために便宜的に区別しておくこととします。状況要因には,以下のようなさまざまな要因が含まれます。

2.2.1 コミュニケーション

個人間あるいは部門間を問わず,日常的な接触をとおしてのコミュニケーションが不足している場合には,コンフリクトが発生する確率は高くなります。**コミュニケーション不足**とは,換言すれば情報共有の不足です。そうした状態が状況認識の差をもたらし,結果としてコンフリクトが発生するのです。ただし,コミュニケーションが多すぎてもコンフリクトの発生頻度が上

昇するといわれています。

2.2.2 相互依存性

これは、仕事を行う際に生じてくる他人、あるいは他部門への依存関係を意味します。他人あるいは他部門とのかかわりがあまりない状態で仕事をする場合には、組織内コンフリクトは最小限ですみます。個人で外回りをする営業職や基礎研究所の研究員などはそうした傾向が強いです。しかし、企業・組織内の仕事はある程度は他人あるいは他部門とのかかわりを持ちながら進められるので、そうした相互依存関係がコンフリクトの源泉になります。

2.2.3 合意・協働の必要性

これは、相互依存性と密接に関連していますが、個人間あるいは部門間で合意が得られないと仕事が進められない状況を意味します。たとえば、自動車の新型車開発に関しては、設計部門は調達部門、製造部門、販売部門、原価計算部門などの合意を得なければ仕事が進みません。このように合意によって協働を進める場合にも、コンフリクトが発生しえます。

2.2.4 ステイタスに関する意識

企業・組織の中でも、外部からは理解しにくいが微妙なステイタス意識のようなものがあるといわれます。たとえば、レストランや料理屋では、料理人はホールの人たちよりもステイタスが高いと思っているといわれます。また、メーカーではエンジニアは製図部門の人間よりもステイタスが高いと思っているといわれます。こうしたステイタス意識もコンフリクトの原因になりえます。

2.3 組織的要因

ここまで説明してきた要因以外にも、以下の組織的要因が組織内コンフリクトを引き起こす原因になると考えられています。

2.3.1 経営理念，目的，経営戦略の曖昧さ

これらの要素が経営において重要な意味を持つことは，本書の中ですでに説明したとおりです。経営理念，目的や経営戦略が不明瞭になると，組織内の各部門や個人が果たすべき役割が曖昧になり，結果としてさまざまな軋轢・コンフリクトが生じることになります。

2.3.2 部門化（専門化）

コンフリクトの発生原因となりうる組織要因としては，部門化（専門化）がもっともよく知られています。たとえば，企業の営業・販売部門は製品のデザイン，色，モデルなどの種類を増やすことを要求する傾向にあります。それに対して，生産部門はできる限り製品のデザイン，色，モデルなどの数を抑えることを重視する傾向があります。こうした部門ごとの要求の違いから，部門間コンフリクトが発生することがあります。

2.3.3 標準化・公式化の不備

理想的には，組織内のあらゆる仕事が**マニュアル化**（標準化・公式化）されていれば仕事の効率は上がります。しかし実際には，組織の中にはマニュアル化されていない仕事や，マニュアルがあってもそのとおりに進められない仕事も多くあります。そうした仕事を行う場合，担当する人間によって仕事のやり方がまちまちであったり，権限と責任が曖昧になったりすることがあります。こうしたマニュアル不在による曖昧さが，コンフリクトの源泉になりえます。

2.3.4 資源の希少性

企業・組織を経営するには「ひと，もの，かね」が必要であるといわれています。これは，経営には，人材（人的資源），建物・設備・備品（物的資源），資金（財務資源）など，さまざまな経営資源が必要であることを意味します。

企業・組織を経営するために利用できる経営資源の総量には限りがありま

す。それゆえに、限りある経営資源の配分をめぐって競合が生じ、結果としてコンフリクトが発生することになります。とくに**事業部制**を採用している場合には、新規事業に投入する人材や資金に関して、事業部間で経営資源の奪い合いになることもあります。

3 下位文化とコンフリクト

前節では、組織内コンフリクトが発生する原因について説明しました。経済学や法学の分野では、**資源の希少性**が、コンフリクトの原因として従来からもっとも重視されてきました。たしかに、独立した個人間あるいは企業間の関係を考える場合には、資源の希少性が主要なコンフリクトの源泉と考えるのが妥当です。しかし組織内コンフリクトを理解する場合には、少し違う視点が必要です。

Column　組織，情報とコンフリクト

　第2次大戦時における日本軍の問題は、経営とくに組織がかかえる問題の事例としてよく引き合いに出されます。第2次大戦後にアメリカ軍が総括した日本軍の敗因は、以下の5つに集約されたといいます。
　(1) 連合国の国力に関する判断ミス
　(2) 航空偵察の失敗（制空権の喪失）
　(3) 陸海軍間の連絡不足（組織の不統一）
　(4) 情報の軽視（作戦第一，情報軽視）
　(5) 精神主義の誇張
　これらの要因のうちの (3) は、組織内コンフリクトと読み替えることができます。こうした問題は、軍隊だけでなく、大企業、政府などの巨大組織にも見られる問題点といえるでしょう。
出所：堀栄三［1996］『大本営参謀の情報戦記』文藝春秋を参照。

3.1 下位文化

　第8章で説明したとおり，下位文化とは，組織内の部門や**非公式組織**（同期入社の人脈，同窓生のつながりなど）において形成される組織文化です。これは，製造，経理，法務，事業部などの**公式部門**ごとに形成される場合もあれば，非公式組織ごとに形成される場合もあります。

　組織内では似たような価値観を持つ者同士が仲間になり，独自の下位文化を形成することはあります。これは，**個人の価値観**が下位文化の形成要因であるとみなすことです。また，組織内の各部門への人員配置は，個人の適性も考慮に入れながら行われます。この適性という概念には個人の価値観が影響しており，その点では**部門化**と**人員配置**にも，ある程度個人の価値観が反映していると考えることができます。

　しかし，企業・組織では，個人の価値観や好き嫌いを度外視して人員配置が行われる場合のほうが多いです。そうすると，組織内の公式部門ごとに下位文化が形成される理由を，個人的な価値観だけに求めることはできません。

3.2 組織構造，下位文化，社会化とコンフリクト

　ここで関連してくるのが，これも第8章で説明した**社会化**（socialization）です。社会化とは，組織で正当とされる思考・行動様式，価値観・規範を習得することです。すなわち，組織メンバーがその組織あるいは所属する部門で重視される価値観・規範，考え方，適切な仕事のやり方などを覚えていくことです。

　下位文化が組織内コンフリクトを引き起こすのは，組織構造の中でも**部門化**と**専門化**によって，部門あるいは専門ごとに異なる社会化が行われるからです。たとえば，製造部門では「効率，安定，原価削減」などに価値をおいて仕事が進められます。それに対して営業部門では「売上高，速さ，製品のバラエティ」などを重視して仕事が行われます。その結果，同じ企業の中でも，異なる価値観，思考・行動様式を身につけるようになります。これが社

会化です。

　このように，部門ごとに異なる社会化が行われるために，組織内コンフリクトが発生するようになるのです。組織における仕事を効率的，効果的に行うことを意図して部門化などの組織構造は設計されるのですが，皮肉にもその組織構造が組織内の下位文化形成をとおしてコンフリクトの源泉になるという「意図しない結果」を引き起こすのです。

4　コンフリクト・マネジメント

　ここまで組織内コンフリクトの源泉について説明してきました。それではコンフリクトが発生した場合，とくに顕在化した場合には，どのような対処方法があるのでしょうか。経営学の分野では，以下のような方法が考えられてきました。

①経営理念，目的，経営戦略の再確認・明確化

　すでに説明したとおり，経営理念，目的や経営戦略が不明瞭になると，部門や個人の組織内での役割が曖昧になりコンフリクトが生じることになります。そこで，経営理念，目標，経営戦略を再確認し明確化することで，コンフリクトが発生する根本的な原因を排除する必要があります。

②**プロジェクト・チーム，タスク・フォース**の活用

　こうしたチームを活用するというのは，組織内のいろいろな意見・アイディアを集約するという目的もありますが，副次的な目的として，部門間コンフリクト軽減という目的もあります。プロジェクト・チームあるいはタスク・フォースにおいて各部門の意向を反映させるようにして，一種の利害調整を行うのです。また，こうした利害調整の過程で，部門間のコミュニケーションが促進されるという効果も期待できます。

③公式化，標準化

　経営理念，目的や経営戦略の曖昧さと同様に，公式化，標準化の不備によって組織メンバーが勝手な意思決定や行動を行うようになり，結果として組

織内コンフリクトを生じさせる場合は多いです。そうした状況を回避するためには，可能な限り公式化，標準化を行うことが有効です。

④配置転換

人員の配置を固定せずに定期的に異動させることで，特定部門の下位文化に必要以上に染まることを軽減することができます。ただし，事業部制あるいはカンパニー制を採用して人事制度も事業部あるいはカンパニーごとに行っている場合には，この方法は採用できません。

⑤権限による解決

これは，簡単にいえば，上司が権限に基づいてコンフリクトの解消を図るということです。ただしこの方法だけに頼ると，顕在的なコンフリクトは解消しても潜在的なコンフリクトが残り，仕事の効率や組織内の協働意識を損なう可能性があるので，他の方法と併用する必要があります。

⑥交渉（negotiation and bargaining）

これは，個人間あるいは部門間の自発的な交渉にゆだねるということです。企業・組織が大きくなると，仕事を進めるためにはいろいろな交渉を行う必要が出てきます。たとえば，すでに述べた自動車の新型車開発に際しては，開発部門は調達，製造部門をはじめ，多くの部門と公式，非公式に交渉を行う必要があります。また，労働組合がある企業・組織の場合，給与，労働時間などをめぐる**労使交渉**（団体交渉）を行う必要もあります。

⑦リーダーシップ

リーダーシップについては次の第10章で説明しますが，組織内コンフリクトを解決する場合には，最終的には経営者・管理者のリーダーシップにゆだねられる部分も大きいです。逆にいえば，リーダーシップの重要な側面として，組織内コンフリクトへの対応があるともいえます。

5 交渉について

ここでは，コンフリクト・マネジメントの中の「交渉」について，いま少

し検討してみましょう。なお，以下で説明することは，組織内のコンフリクト・マネジメントだけでなく，われわれの日常生活で行われる交渉全般に当てはまることです。

5.1　交渉に関する先入観

　交渉に関する心理学的な研究では，われわれが交渉に臨むに際して陥りがちな「心理的な罠」あるいは「先入観」として，以下のようなものがあるといわれています。

5.1.1　初期行動への固執（初期値へのこだわり）

　これは，いったん交渉に入ると，交渉から撤退することを考えずになんとしてもその交渉を成立させようとしたり，あるいは最初に自分が発言したことに固執したりする傾向を指します。たとえば，アメリカではオーナー経営者が企業の買収合戦に参加すると，不合理とも思われる異常な高値で買収を成立させる場合があるといわれます。いうならば「引くに引けない」という心理状態に陥るということです。

　また，初期値へのこだわりとは，交渉の実質的な成果よりも，自分の体面・メンツを保つことに関心が向いて，最初に自分が発言した内容に最後までこだわる状況をいいます。

5.1.2　ゼロ・サム状況にあるという思い込み

　これはおそらく多くの交渉場面でわれわれがはまり込む心理的・思考的な罠でしょう。ここで，**分配型**（distributive）**交渉**と**統合型**（integrative）**交渉**についてふれておく必要があります。

　「分配型交渉」とは，車の購入に際して顧客と販売員との間で行われる値引き交渉などが典型的な例です。一方の当事者が得をすることは，他方の当事者が損をする状態を意味し，しばしば**ゼロ・サムの交渉**といわれます。また，こうした状態はしばしば，「パイの大きさは一定」とも表現されます。

たしかに，多くの交渉がこうしたゼロ・サム的な分配型交渉の性格を帯びています。しかし，すべての交渉がそうであるとは限りません。

分配型交渉に対して「統合型交渉」とは**非ゼロ・サム的な交渉**であり，たとえていえば「パイを大きくする交渉」を意味します。車を購入する例を続ければ，われわれが車を買う場合，その後のアフター・サービスも車を買った販売ディーラーに依頼するケースは多いでしょう。こうした場合，購入時の値引き額よりも，アフター・サービス面などで融通を利かせてもらうことなどで便益を得ようとする顧客もいるかもしれません。この場合には，ゼロ・サム的な性格は希薄になります。

このように，分配型交渉と統合型交渉を比較した場合，分配型のほうが単純明快で理解しやすいために，交渉といえばゼロ・サムの交渉と考えやすいのです。しかし，交渉は価格だけではなくいろいろな事項について行われるのであり，交渉当事者にとって重視する事項は異なる場合も多いのです。この点は注意する必要があります。

5.1.3 交渉相手の視点を無視すること

これは，相手の立場に立って考えようとしない誤りをいいます。他人の考え，気持ちを推し量るというのは簡単なことではありませんが，現実問題として不可能ではありません。ある程度「自分が相手の立場であったなら」という想像力を働かすことは可能です。しかしこれまでの研究では，こうした単純なことが意外と忘れられているというのです。

これら3つの要因以外では，「相手のものの言い方に対して過剰に反応すること」「自信過剰」「情報収集のまずさ」などの要因が，交渉の場面において人間が陥りやすい心理的・思考的なバイアスであるといわれています。

5.2 交渉の心得

ここでは，交渉に際しての心得，あるいは留意事項をいくつか説明してお

きましょう。

①交渉相手をよく調べる

これは，交渉相手が交渉事項の中でどの事項を重視しているのか，そしてどのあたりで妥協しようとしているかを見極めることが，実りある交渉結果を得るためにまず不可欠である，ということです。

②交渉の最初の段階で小さな譲歩をすること

交渉とは，ある程度妥協することでもあります。そこで，交渉の最初の段階で小さな譲歩をすることで，相手からも譲歩を引き出し，最終的な合意に至る確率が高いといわれます。逆にいえば，自分の立場を断固として譲らないという強硬な態度は，交渉そのものを決裂させる確率が高いといえます。

③交渉事項について議論する

これはよくいわれることですが，交渉事項それ自体について議論・交渉すべきであり，相手の人格やささいなものの言い方にこだわるべきではないということです。交渉が紛糾し長時間に及ぶと，ついつい感情的な対立が表面化し，交渉内容とは無関係なことで言い争いになることが多いです。こうした愚を避けるためにも，この点は留意すべきです。

④自分の最初の発言に固執しない

えてして人間は，体面や面子にこだわるために，交渉過程において相手の言い分を聞いて自分の意見を修正することができなくなる場合が多いです。こうした意固地な態度が交渉を硬直化させ，結果的に合意に至らない危険性もあります。「交渉とは妥協である」という意識が重要です。

⑤分配型交渉から統合型交渉へ

交渉は「取るか取られるか」の分配型交渉である場合が多いですが，必ずしも常にそうであるとは限りません。可能な限り交渉当事者双方に何らかの得るところを見出せば，それだけ交渉の妥結もスムーズになります。

以上説明した以外にも，「脅しをかける」「初めに高めの要求を行う（いわゆる「ふっかける」）」など，細かなテクニックはあります。しかし，交渉に関する研究が示唆するのは，感情的な対立を極力回避して，できる限り合理

的な交渉を行うことが，当事者にとって有益であるということです。

6 組織変革とコンフリクト

　ここまで説明してきた組織内コンフリクトは，主に日常的な経営のプロセスにおいて組織内で発生するコンフリクトでした。こうした日常的なコンフリクト以上に対処が困難なものが，組織変革にともなうコンフリクトです。この組織変革に関連したコンフリクトも，組織文化と関連する部分が大きいです。

　組織文化とは，組織メンバーが信じる価値観，規範，仕事のやり方（行動様式），ものの考え方（思考様式）などの総体です。第8章でも説明したとおり，**組織変革**とは**組織文化の変革**とほぼ同じ意味です。組織文化の変革とは，これまで組織メンバーが信じてきた価値観・規範，思考・行動様式に変更を迫ることであり，おおげさにいえば組織メンバーに「自己否定」を求めるに等しいのです。

　自己否定と口で言うのは簡単ですが，人間がこれまで信じてきた価値観，考え方などを簡単に否定できるものではありません。それゆえに，組織変革あるいは組織文化の変革においては，組織メンバーが信じてきた従来の価値観・規範などと新たに定着させようとしている価値観・規範などとの間に，大きなコンフリクトが生じてくるのは当然です。

　組織変革のプロセスで生じるコンフリクトに関しても，前述したコンフリクト・マネジメントの方法は有効です。なかでも，経営理念，目的の再確認とトップ・マネジメントのリーダーシップは，非常に重要性が高いです。また，経営理念と目的の再確認は，トップ・マネジメントが果たすべき重要なリーダーシップ機能ということができます（リーダーシップについては，第10章で説明します）。

| Column | **経営統合, M&A と交渉** |

　経営統合や M&A に関する交渉は，経営においてもっとも困難でまた影響が大きい交渉といえます。近年，日本企業もグローバル化に対応するために積極的に経営統合や M&A を実施しようとしています。そうしたなかで，統合の交渉をはじめたものの，合意に至らなかった例もあります。たとえば，キリンビールとサントリーの経営統合は，世界的な飲料・食品メーカーの誕生として注目されていました。しかし，会社のステークホルダーに対する考え方などの面で両者の違いが大きく，結果的には経営統合は実現しませんでした。この例に限らず，日本企業同士の経営統合や M&A に関する交渉は途中で破談になる例が増えていますが，これも交渉をまとめることの難しさを物語っているといえます。

Working　　　　　　　　　　　　　　　　　　　　　　　　　調べてみよう

1. 自分が所属するサークル・クラブあるいはアルバイト先の企業・組織で経験したコンフリクトについて調べてみよう。
2. 企業と企業，企業と国などの間の係争事項（争っている事柄）について，その背景・原因と何を争っているのかを調べてみよう。

Discussion　　　　　　　　　　　　　　　　　　　　　　　　　議論しよう

1. Working の 1 で調べたサークル・クラブまたは企業・組織におけるコンフリクトについて，その原因を議論してみよう。
2. Working の 2 で取り上げた事例について，どのようなコンフリクト解決の方法が望ましいか議論してみよう。

▶▶▶さらに学びたい人のために

- Bazerman, M. H. & Neal, M. A.［1992］*Negotiating rationally*, The Free Press.（奥村哲史訳［1997］『マネジャーのための交渉の認知心理学』白桃書房）
- March, J. G. & Simon, H. A.［1958］*Organizations, Wiley.*（土屋守章訳［1977］『オーガニゼーションズ』ダイヤモンド社：高橋伸夫訳［2014］『オーガニゼーションズ』ダイヤモンド社）

参考文献

- 大月博司・高橋正泰・山口善昭［2008］『経営学（第3版）』同文舘出版。
- Daft, R. L.［2001］*Organization theory and design*（7th ed.），South-Western.
- Likert, R. & Likert, J. G.［1976］*New ways of managing conflict,* McGraw-Hill.（三隅二不二監訳［1988］『コンフリクトの行動科学』ダイヤモンド社）
- Robbins, S. P.［1994］*Essentials of organizational behavior*（4th ed.），Prentice-Hall.
- Robbins, S. P.［1997］*Essentials of organizational behavior*（5th ed.），Prentice-Hall.（高木晴夫監訳［1997］『組織行動のマネジメント』ダイヤモンド社）
- Tosi, H. L., Rizzo, J. R. & Carroll, S. J.［1994］*Managing organizational behavior*（3rd ed.），Blackwell.

第IV部

組織における人間への対応

第10章
リーダーシップ

第11章
モチベーション

第10章 リーダーシップ

Learning Points

▶ この章では「組織における人間への対応」の中の主要な概念である「リーダーシップ」の基本的概念と，リーダーシップに関するさまざまな理論について学びます。リーダーシップ理論には，「リーダーシップは天賦の才能である」と考える「特性論」，「リーダーシップは育成可能である」と考える「スタイル論」および「適切なリーダーシップは状況によって異なる」と考える「コンティンジェンシー論」の3つのアプローチがあります。

▶ また，変革型リーダーシップ，第5水準のリーダーシップなど，比較的新しいリーダーシップの概念についても学びます。

Key Words

フォロアー　地位勢力（ヘッドシップ）　特性（資質）論
構造づくり（Pの次元）と人間関係重視（Mの次元）　PM理論
リーダーシップの代替性

1　リーダーシップの基本概念

1.1　リーダーシップの概念

　リーダーシップ概念についても多様な定義がありますが，最大公約数的な定義をすれば「組織あるいは集団の目標達成のために，影響力が行使される過程」という表現が可能です。この表現には，公式のリーダーだけでなく「組織・集団のメンバーは誰でもリーダーシップを発揮することが可能である」という意味が含まれています。それゆえに，「リーダーシップ研究」であり「リーダー研究」とはいわないのです。

　しかし，公式の権限を持つ人（経営者，管理者，役職者など）が，リーダ

ーシップを発揮することを期待されるのもまた当然です。それゆえに，リーダーシップに関する研究は，公式的リーダー（経営者・管理者）の果たすべき役割に注目してきました。ただし，「状況が生み出すリーダー」（非公式のリーダー）も存在しうることは理解しておく必要があるでしょう。

なお本章では，**フォロアー**あるいはメンバーという用語をしばしば用います。公式的リーダーだけを想定した場合には「部下」という用語を使用するほうが理解しやすいでしょう。しかし，リーダーシップ研究では，公式のリーダーが主たる研究対象ですが，いま述べたように非公式のリーダーも想定しています。そのために，リーダーに対して部下ではなくフォロアーという表現を使用するのです。

1.2 リーダーシップと地位勢力

リーダーシップを説明する際に，**地位勢力**あるいは**ヘッドシップ**との相違を説明することは重要です。地位勢力あるいはヘッドシップとは具体的には，報酬力，強制力，正当力の3つの影響力に基づくといわれます。

① **報酬力**：管理者（上司）が部下の報酬を左右する力を意味します。企業・組織でいえば，昇給（給料が上がること），昇進などにかかわる査定・**人事考課**の権限がこれに該当します。
② **強制力**：組織内の規定に基づいて罰則を与える権限などを意味します。また，配置転換（職場が変わること）の決定権なども強制力に該当するといえるでしょう。
③ **正当力**：上司が部下に対して指示・命令を出すことを正当と認めさせる力のこと。多くの場合，この正当力が疑われることは少ないでしょう。しかし，上司と部下の意見が食い違うことはありえます。その場合，互いに納得するまで議論する場合もあるでしょうが，そうした時間的余裕がない場合には，上司の判断に従わざるをえません。これが正当力です。

これらは，地位勢力という言葉が示すように，組織内の地位に付与された権限に基づく影響力であり，**公式権限の行使**ということもできます。ここで注意が必要なのは，地位勢力という影響力は，リーダー自身の個人的な能力から生じているというよりも，階層性における地位という組織構造から生じているという点です。もしリーダーシップの内容が地位勢力（ヘッドシップ）だけであるならば，組織構造とは別にことさらにリーダーシップを議論する意味はありません。

　地位勢力とリーダーシップを関連づけると，リーダーシップとは「地位勢力にプラス・アルファを加えた全体」と理解することができます。組織の中で管理者（上司）がリーダーシップを発揮するには適度な地位勢力が付与されていることが必要です。しかし，単に権限を振り回すこと，つまり地位勢力だけに頼ることがリーダーシップでないこともまた容易に理解できるでしょう（もっとも現実の企業・組織では，両者の相違に気づいていない管理者・上司に悩まされる場合は多いようですが）。また，地位勢力に過度に依存するとリーダーシップの機能が低下するともいわれます。

　このように，地位勢力（公式的権限）を基盤としながら，それを超えて発揮されるところにリーダーシップの基本的な特徴があるといえるでしょう。これは，理論的にはもちろん，実践面でも重要な考え方でしょう。

2　特性論（資質論）

　世の中には，リーダーシップを発揮できる人とそうでない人がいるようにも思われます。いうならば，リーダーシップを発揮できる人間は，生まれながらにしてそうした才能，資質などを持ち合わせているという考え方です。リーダーシップ研究の初期段階ではこうした発想で研究が行われており，これらの研究は資質論，特性論，偉人論などと呼ばれています。

2.1 初期の特性（資質）論

　特性論あるいは資質論は，われわれの日常感覚とも一致するところがあり，直観的にはその妥当性は疑いようがないとも考えられます。そしてこうした発想に基づく研究では，野心，他人に影響力を及ぼそうとする欲求，正直さ，自信，知性，専門知識などの点において，リーダーとリーダーでない人の間には統計的な差異があるという点が確認されました。

　しかしその後の研究では，リーダーシップに関連する特性や資質をいくら列挙していっても，あまり一貫性のある結果がみられないということも明らかになってきました。その結果，研究者たちは個人の特性あるいは資質だけでリーダーシップを説明することは困難であると考えられるようになってきました。

　こうした研究結果は，日常的な感覚からすれば納得しにくいかもしれません。しかし少なくともリーダーシップ研究においては，特性論（資質論）の影響力は低下していったのが事実です。

　ただし，自信，知性などの特性がまったく無意味というわけではないでしょう。この点については，**図表10－1**のように理解することができます。この図の意味するところは，特性は有効なリーダーシップを説明する**必要条件**ではありますが，**十分条件**ではないということです。

図表10－1 ▶▶▶特性とリーダーシップ

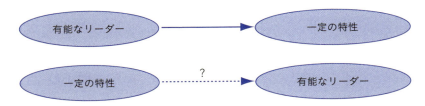

2.2 新しい特性論

すでに説明したとおり,リーダーシップ研究の流れにおいては,特性論(資質論)は,いったんはメインの研究分野ではなくなりました。しかし,特性論的なリーダーシップ論は現在でも影響力を持っています。事実,本章の後の節で説明する**変革型リーダーシップ**,**第5水準のリーダーシップ**も,特性論的な発想に基づいています。

このように,特性論はリーダーシップ論の原点であり,また特性論的な発想はいまだに研究および実践の両面において健在です。とくに,実践的あるいは日常的な体験からすれば,優れたリーダーとそうでないリーダーが存在し,その違いはリーダーの個人的な特性あるいは能力に原因があると考えるのは,自然でしょう。

3 スタイル(行動)論

特性論(資質論)の基本的な発想は,単純化していえば,リーダーシップを「天賦の才」とみなすことです。こうした特性論的な発想に対して,リーダーシップとは必ずしも「個人に特有の特性」あるいは「先天的な能力」ではなく,「行動」あるいは「スタイル」の特徴であるという考えに基づいた研究もされてきました。これらの研究は,スタイル論,行動論などと呼ばれます。

3.1 リーダーシップの養成可能性

特性論では,リーダーシップとは「先天的な能力」あるいは「個人の特性」とみなします。そうした発想からすれば,「優れたリーダーシップ特性を備えた者を見出す」ことは重要ですが,「リーダーシップを養成する」という考えには至りません。

それに対して，スタイル（行動）論では，有効なリーダーシップを発揮するための**スタイル**あるいは**行動**を意識すれば，誰もが「有能なリーダー」になれるという発想があります。すなわち，教育・訓練を行ったり機会を与えたりすれば，誰もがリーダーシップを発揮するように養成できるという考え方です。

「**2** 特性論」の節では，経営の実践の場面では特性論的な見方が根強いと説明しました。しかし他方において，経営の実践においては，スタイル論的な考えに基づいて管理職への登用が行われています。すなわち，「地位が人を作る」ということわざがあるように，「チャンスを与えれば人はリーダーシップを発揮する」という考えで，管理職に登用するケースがあります。とくに日本の大企業では，下位の管理職については，厳密にその人のリーダーシップ能力を吟味することなく，育成と選抜を目的として管理職への登用が行われるケースが多いのです。

3.2　レヴィンの3類型

リーダーシップをスタイルあるいは行動として捉える研究のパイオニアはレヴィン（K. Lewin）といわれます。彼は，以下のような3つのリーダーシップ・スタイルを設定し実験を行いました。

①**専制型**：リーダーが仕事の仕方などをすべて決定するスタイル
②**民主型**：仕事のやり方に関して，メンバー（フォロアー）の意見を取り入れながら民主的に運営するスタイル
③**自由放任型**：メンバー（フォロアー）に自由に仕事をさせるスタイル

この実験では，仕事の成果に関しては民主型と専制型はほぼ同じでしたが，メンバー間の連帯感，仕事への興味などの点では，民主型が優れていたとされます。この実験は，10歳児を対象とした実験であり，この結果をそのまま一般化することは不適切です。しかし，リーダーシップを個人の特性

でなく，スタイルとして類型化し実験を行ったという点では，先駆的なものです。

3.3 リーダーシップ・スタイルの2次元モデル

レヴィンの古典的なリーダーシップ・スタイル研究の後，1950年代から1970年代にかけて多くの研究がなされましたが，それらの多くはリーダーシップ・スタイルを2つの次元に要約するという共通の特徴を持っています。それらは，以下の2次元です。

- **仕事それ自体に関連する次元（Pの次元）：構造づくり**，目標達成機能，生産への関心，**仕事志向**，指示行動などの用語も使用される。
- **人への配慮に関する次元（Mの次元）：配慮**，集団維持行動，人間への関心，**人間関係重視**，協労行動などの用語も使用される。

Pの次元は，仕事をするうえでの具体的な指示，権限・役割の配分，仕事日程の明示，進捗状況の確認など「仕事それ自体」にかかわる具体的な指示を主な内容としています。日常用語でいえば「仕事の段取り」とでもいうことができます。

これに対して**Mの次元**は，職場におけるフォロアー（メンバー，部下）間の人間関係，個人的な事情（身内の病気，家庭内不和など），フォロアーの感情などへの配慮などを意味し，いわゆる「さまざまな気配り」を意味します。

日本では，三隅二不二教授を中心とする研究者が行った研究では，「仕事それ自体に関する次元」を"Performance"，「人への配慮に関する次元」を"Maintenance"と名づけ，両者の頭文字をとって「リーダーシップの**PM理論**」として知られています。

PM理論などのスタイル論では，4つ（モデルによっては9つ）にリーダーシップのスタイルを分類し，それぞれの有効性について実証的なデータを

蓄積しました。**図表10－2**に示した4類型に基づいて説明すれば，以下のような研究成果が報告されています。

① 生産性について：PM型 ＞ P型 ＝ M型 ＞ pm型
② まとまりの良さ：PM型 ＞ M型 ＞ P型 ＞ pm型
③ 事故率の低さ　：PM型 ＞ M型 ＞ P型 ＞ pm型

以上のように，PM理論では，PM型のリーダーシップ・スタイルの有効性を示唆する研究が多く報告されています。

4　コンティンジェンシー・アプローチ

本章の**3**で説明したスタイル論は，個人の特性・資質ではなく，スタイルあるいは行動の面からリーダーシップを理解しようという点に発想の転換がみられました。しかし，スタイル論では，リーダーシップに2つの側面（「仕事それ自体」と「人への配慮」）があることを，豊富なデータに基づいて示した点では貢献が大きいですが，4つのスタイルの中でPM型の有効性を強調しているところに，理論的にも実践的にも問題がありました。

図表10－2 ▶▶▶ リーダーシップ・スタイルの4類型

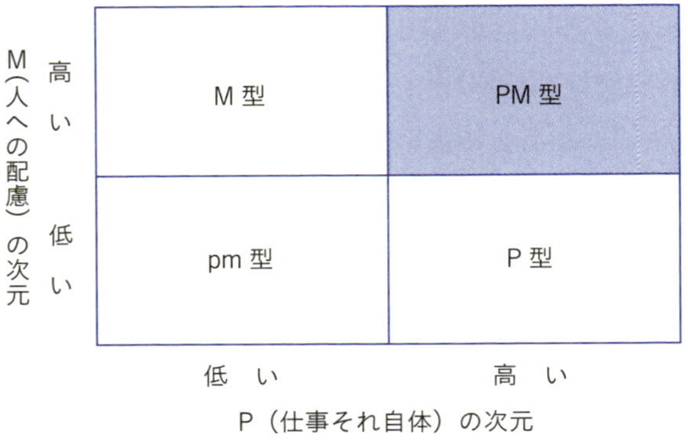

	低い	高い
高い（M人への配慮の次元）	M型	PM型
低い	pm型	P型

P（仕事それ自体）の次元

こうした不備を補うのが，リーダーシップのコンティンジェンシー・アプローチと呼ばれる一連の研究です。このアプローチの要点は**状況・条件が異なれば，有効なリーダーシップも異なる**という考え方である。ちなみに，コンティンジェンシー・アプローチの発想は，リーダーシップに限定されるものではなく，組織構造，戦略類型などにも適用されてきた考え方です。

4.1 フィードラー・モデル

フィードラー（F. E. Fiedler）のモデルは，スタイル論の発想を踏襲して，リーダーシップ・スタイルとして**仕事志向（課題動機型）**と**人間志向（関係動機型）**の２つが考えられています。ただし，こうしたスタイルは特定のリーダーに関して安定しており，容易には変化しないということを前提条件としています。そうした意味では，特性論的な発想も引き継いでいます。

彼は，リーダーシップの有効性を規定する状況要因として，以下の３つがあるとしました。

①リーダーとフォロアー（メンバー）の関係
②仕事の構造化
③リーダーの地位勢力

「リーダーとフォロアー（メンバー）の関係」とは，フォロアー（メンバー）がリーダーに対して抱く信頼感，好意などを意味しています。「仕事の構造化」とは仕事が標準化あるいは公式化されている程度を意味します。そして「地位勢力」とは**1.2**で説明したように，地位に付与された公式的権限の程度を意味します。

このモデルでは，リーダーとフォロアーの関係が「良い」か「悪い」か，仕事の構造化の程度が「高い」か「低い」か，そして地位勢力が「強い」か「弱い」か，というように「２×２×２」で合計８つの状況が類型化されています（**図表10－3**参照）。

図表10－3 ▶▶▶ フィードラー・モデル

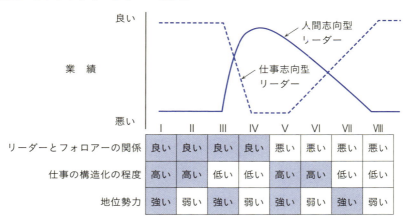

出所：Robbins, S. P. [1997] *Essentials of organizational behavior*（5th ed.），Prentice-Hall: 146 を修正。

　この8類型は「リーダーにとって有利な状況」と「リーダーにとって不利な状況」と呼ばれます。図表10－3で，Ⅰがリーダーにとってもっとも有利な状況であり，Ⅷがもっとも不利な状況とされます。そして，状況がリーダーにとって非常に有利あるいは非常に不利な場合は，仕事志向型のリーダーシップ・スタイルが有効であり，中間的な状況では人間志向型スタイルが有効であるといわれます。

　ところで，フィードラー・モデルでは，LPC（Least Preferred Coworker）尺度という独特の尺度を使用して，リーダーのスタイルが測定されます。これは，「一緒に仕事をしたくない人をどのように評価するか」という尺度といわれます。この尺度の得点が高い人（「一緒に仕事をしたくない人」を好意的に評価する人）は人間志向のリーダーであり，逆にこの尺度の得点が低い人（「一緒に仕事をしたくない人」を好意的に評価しない人）は仕事志向のリーダーとされます。

4.2　SL 理論

　SL 理論の SL とは "Situational Leadership" の頭文字であり，まさに「状況に応じたリーダーシップ」というコンティンジェンシー・アプローチの考え方を直截的に表現しています。このモデルでは，状況変数として**メンバーの成熟度**に注目していますが，メンバーの成熟度は以下の3つの要素から成り立つと考えられています。

① **達成意欲**：これが高いほど成熟していると考えられる。
② **責任を負う意志と能力**：これが高いほど成熟しているとされる。
③ **教育と経験**：両者が長いほど成熟度が高い。

　これらのうち，達成意欲は「第11章　モチベーション」でも説明する鍵概念ですが，「何事かをなし遂げようという意欲・欲求」を意味します。
　リーダーのスタイルに関しては，図表10-4に示してあるように4つの類型を想定していますが，これは PM 理論に代表されるスタイル論の考え

図表10-4 ▶▶▶ リーダーシップの SL 理論の概念図

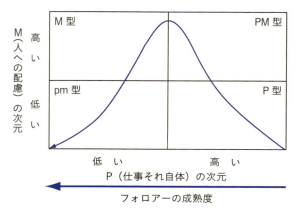

出所：山本成二・水野基・成田攻訳［1978］『行動科学の展開』生産性出版，313頁をもとに作成。

方を踏襲しています。

　この図の読み方ですが，フォロアーの成熟度が低い場合はP型のリーダーシップ・スタイルがよく，フォロアーの成熟度が増すに従って，順次PM型，M型そして最終的にはpm型が有効なリーダーシップ・スタイルであるということです。フォロアーの成熟度が増すと2つの次元とも低い一種の「自由放任型リーダーシップ」が有効であるとする点が興味深いです。この理論は，データによる裏づけも多く，またわれわれの経験ともよく合致しています。

5 リーダーシップ概念の拡張

5.1　マネジメントのレベルとリーダーシップ

　ここまでのリーダーシップに関するいろいろな概念や理論は，主に企業・組織内の各部門に割り当てられた仕事を手際良くこなすために発揮されることが期待されるリーダーシップを念頭においています。組織内の仕事は，程度の差はありますがマニュアル化（標準化・公式化）されており，そのマニュアルの範囲内で，フォロアー（メンバー）の人間関係，個人的事情などに気配りしながら，仕事の段取り，仕事の優先順位，スケジュールなどに関して指示を与えるのがリーダーシップであるという考え方です。

　こうしたリーダーシップは，**ロア・マネジメント・レベル**では重要な機能です（ロア・マネジメントとは，「下位の管理階層」あるいは「現場レベル」です）。このレベルでは，管理者・上司と部下（フォロアー，メンバー）は仕事をする過程で，面と向かって1対1のコミュニケーションがとれる関係にあり，管理者は部下の性格，個人的事情などについても知ることができ，また自分の考えも直接に伝えることができます。

　しかし，企業・組織が大規模になると，直属の上司のそのまた上の上司と直接コミュニケーションをとる機会は少なくなるでしょう。そして大企業の

場合，会長，社長をはじめとするトップ・マネジメントの人たちとは直接話をしたことがない従業員のほうが多いという場合が普通です。こうした状況を考えると，「日常的に接触がある人間関係におけるリーダーシップ」と，そうした接触がほとんどない関係におけるリーダーシップとでは，内容に違いがあると考えるのが妥当です。

5.2　変革型リーダーシップと第5水準のリーダーシップ

　いま説明したように，企業・組織におけるトップ・マネジメントの人たちのリーダーシップとは，これまで本書で説明してきた，経営理念，ビジョンあるいは経営戦略など，企業・組織の基本的な方向性を示す構想と深く関連してきます。経営戦略に関するアイディアは，企業・組織の日常的活動の中からボトムアップ的に提案されるという側面もありますが，それを明確な形で組織の内外に示すのはトップ・マネジメントの役割です。

　企業・組織のトップに立つ人間は，日常業務レベルの仕事は下位の管理者に任せ，現場レベルの人間の努力をどのような方向に結集していくべきかを示すことが，まさに企業・組織全体を「リード」することに他なりません。このように考えると，企業・組織のトップ・マネジメントのリーダーシップには，経営理念・ビジョンや経営戦略の提示という側面が含まれるということは当然でしょう。こうしたトップ・マネジメントを想定したリーダーシップ概念が以下の2つです。

5.2.1　変革型リーダーシップ

　変革型リーダーシップ（transformational leadership）の概念は，**交換型リーダーシップ**（transactional leadership）の概念と対比して説明されることが多いです。交換型リーダーシップとは，役割・仕事とそれに対する報酬に関してフォロアー（メンバー，部下）との間で交換・取引関係を明確にすることで発揮されるようなリーダーシップを意味します。ここまで説明してきたリーダーシップは，基本的に交換型リーダーシップに分類されると考え

てよいでしょう。

それに対して，変革型リーダーシップとは，以下のような特徴があるとされます。

① **役割モデルになる**：リーダーがフォロアー（メンバー）の**役割モデル**（お手本）となるように行動することで，彼（彼女）らの尊敬と信頼を獲得し，自然にリーダーと同じような考え方・行動を取ろうとすること
② **インスピレーションによる動機づけ**：リーダーが各人の仕事の意義を説くことで，フォロアー（メンバー）のチーム・ワークや積極的行動を喚起すること
③ **知的な刺激を与える**：フォロアーのこれまでの仕事のやり方や考え方に建設的な疑問を投げかけることで，フォロアーの創造性や発想力を刺激すること
④ **個人の成長への配慮**：フォロアーの達成欲求や成長欲求に配慮し，コーチあるいは師匠・メンター（mentor）としての役割を担うこと

こうした変革型リーダーシップは**カリスマ型リーダーシップ**とも呼ばれます。こうしたリーダーシップは，組織のロア・マネジメント・レベルだけでなく，トップ・マネジメントをも念頭においたリーダーシップといえます。また，ここまで説明してきたリーダーシップ研究の流れにそっていえば，**特性論**的な発想が強いともいえます。とくに，リーダーのカリスマ性ということが強調される場合には，余計に特性論的な発想が強くなります。

5.2.2 第5水準のリーダーシップ

第5水準のリーダーシップとは，コリンズ（J. C. Collins）が『ビジョナリーカンパニー②飛躍の法則』という本の中で指摘したリーダーシップです。この本は，長期間にわたって高い業績をあげ続けた企業の成功要因を探ったものですが，そうした要因の1つとして第5水準のリーダーシップという概念が示されたのです。

第5水準のリーダーシップとは，**図表10－5**に示された図表の最高位の人間像を意味しています。第5水準に満たない人々の特性や行動は，図表に書かれているとおりです。第5水準のリーダーシップは，以下のような特徴を持つとされます。

①個人としての謙虚さと職業人としての意志の強さをあわせ持つ
②自分自身のためにではなく会社のために野心的である
③後継者をよく吟味して選ぶ
④達成意欲が強い
⑤職人的な勤勉さを持ち，虚栄を張らない
⑥成功におごらず，失敗の責任を負う
⑦派手なパフォーマンスを嫌い地道な努力を怠らない

図表10－5 ▶ ▶ ▶ 第5水準までの段階

第5水準	第5水準の経営者 個人としての謙虚さと職業人としての意志の強さという矛盾した性格の組み合わせによって，偉大さを持続できる企業を作り上げる
第4水準	有能な経営者 明確で説得力のあるビジョンへの支持とビジョンの実現に向けた努力を生み出し，これまでより高い水準の業績を達成するよう組織に刺激を与える
第3水準	有能な管理者 人と資源を組織化し，決められた目標を効率的に効果的に追求する
第2水準	組織に寄与する個人 組織目標の達成のために自分の能力を発揮し，組織の中で他の人たちとうまく協力する
第1水準	有能な個人 才能，知識，スキル，勤勉さによって生産的な仕事をする

出所：山岡洋一訳［2001］『ビジョナリーカンパニー②飛躍の法則』日経BP社，31頁を修正。

| Column | 偉大な企業とリーダーシップ |

　本文中で紹介したコリンズの『ビジョナリーカンパニー②』で偉大な企業とされるのは，1965年から2000年までの株価上昇が市場平均の8倍以上だった11社です。これらの企業は日本ではなじみのない企業が多いのですが，カミソリのジレット（Gillette），ティッシュペーパーのクリネックス（Kleenex）ブランドを持つキンバリークラーク社などが含まれています。コリンズは当初，偉大な企業の成功要因として偉大なリーダーをあげることは，中世における「すべての答えは神にある」と同じであると考えていました。しかしよく調査すると，やはり卓越した経営者のリーダーシップ抜きにして偉大な企業の成功を説明することはできないとわかり，第5水準のリーダーシップという概念を示したのです。

5.3　組織構造，組織文化とリーダーシップ

5.3.1　組織構造とリーダーシップ

　ここまでの説明でもわかるとおり，リーダーシップ研究はリーダー個人あるいはリーダーとフォロアー（メンバー）の関係に焦点を当てる傾向が強いです。しかし，経営全般を考えた場合，リーダーシップとは経営活動を構成するいろいろな要因と関連しています。経営戦略との関連はすでに指摘しましたが，じつは組織構造の問題も，リーダーシップと関連しています。とくに，企業・組織のトップ・マネジメントを想定するならば，彼（女）たちこそがガバナンスや組織構造を大きく規定する権限を持っています。

　たとえば，以下のような課題に関して，トップ・マネジメントは意思決定をする必要があります。これはトップ・マネジメントのリーダーシップに含まれる事柄です（なおここでは，コーポレート・ガバナンスの選択も組織構造に含めています）。

①監査役設置会社のままで経営を続けるか指名委員会等設置会社に変更するか。
②製品市場の変化に合わせて事業部，カンパニーの設定をどのように変更するか。

③事業部，カンパニーにどれくらいの権限を与えるか（**権限委譲**の問題）。
④他社との合併に際して，純粋持株会社方式を採用したほうがいいか。

トップ・マネジメントにとっては，こうした意思決定は PM 理論における **P の次元** に相当するとみなすことができるでしょう。すなわち，大規模な企業・組織のトップが，現場の細かい仕事についていちいち役割分担や仕事内容について指示をすることは不可能です。トップができることは，組織構造という大きな分業の枠組み（仕事の枠組み）を設定することだけです。このように考えると，どのような組織構造にするかを決定することは，トップのリーダーシップに含まれる重要な側面です。

5.3.2 組織文化とリーダーシップ

トップ・マネジメントのリーダーシップを考えた場合，**組織文化の形成** あるいは **組織文化の変革** も含まれてきます。組織文化，とくにその変革については，さまざまな見方があることはすでに説明したとおりです。しかし，どのような研究の立場からみても，企業・組織のトップ・マネジメントが組織文化に対して何らかの影響を及ぼすということを否定する者はいません。

とくに，創業型経営者が明確な経営理念や価値観を掲げている場合には，そうした価値観・規範がその企業・組織の組織文化に多大な影響を及ぼします。日本でいえば，松下幸之助，本田宗一郎，井深大らの創業型経営者は，明確な経営理念のもとに各社独特の組織文化を形成してきました。

組織文化の章（第 8 章）では，**組織文化のコントロール機能** を説明しましたが，その際には，組織構造を補完する機能について説明しました。つまり「合理的な仕事のやり方」について組織文化が組織構造を補完するということです。そうした点では，組織文化は PM 理論における **P の次元** を補完しています。

さらに組織文化は，組織メンバーの一体感を醸成するという側面もあります。企業などの職場は，基本的には仕事をする場ですが，同時に人間が交流する場でもあります。そこでは，価値観や考え方を共有できる人たちと一緒

に仕事をするほうが意欲を持って楽しく仕事ができるのはいうまでもありません。そうした意味で，組織文化はPM理論における**Mの次元**にも影響を及ぼしているのです。

6 リーダーシップの代替性

本書では，組織構造についてすでに説明しましたが，組織構造に注目する研究者たちには，極論すれば「個々人のリーダーシップは必要ない」という考え方があります。とくに，リーダーシップ論における**仕事志向，構造づくり**などと呼ばれる側面は，組織構造が理想的にできあがっていれば必要のない行為であると考えられます。すなわち，リーダーシップとは組織構造の不備を補う微調整的な機能を担うにすぎないという懐疑的な見方です。

こうした見方は一面では真理をついています。とくに大規模な企業・組織の場合，個人がリーダーシップを発揮できる余地は意外と狭いです。また，経営戦略，組織構造，組織文化などの経営上の諸要因を考慮せずに，個人的なリーダーシップだけで現状打破を期待することは，ないものねだりという観もあります。

実際リーダーシップ研究においても，リーダーシップの代替性（substitutes

図表10−6 ▶▶▶リーダーシップの代替性

要　因	影　響
フォロアーの特性	
（1）経験と能力	Pの次元の代替
（2）プロフェッショナル志向	Pの次元とMの次元の代替
職務特性と組織特性	
（3）構造化された職務	Pの次元の代替
（4）やりがいのある仕事（内的報酬）	Mの次元の代替
組織特性	
（5）強い組織文化	Pの次元とMの次元の代替

for leadership）というテーマで研究が行われています。それらの研究における主な結果を示すと**図表10－6**のようになります。

こうした研究は，経営において成果を上げようとする場合，管理職あるいは経営者という個人のリーダーシップに過度に期待することの弊害を暗に示唆しています。

7　あらためてリーダーシップ概念について

6で説明したように，リーダーシップ研究においても，リーダーシップへの過度な期待を戒める研究があります。こうした考え方は，209頁のコラムで紹介したコリンズにもあります。すなわち，「すべての答えはリーダーにある」という発想は，中世における「すべての答えは神にある」と同じであるという指摘です。

こうした指摘があるにもかかわらず，経営に関する書籍，とくに実務家を意識した書物では**トップ・マネジメント万能論**的な発想が強いです。具体的にいえば，有能なトップ（リーダー）が経営理念・ビジョン，経営戦略を提示し，それを実現するための組織構造と組織文化を作り出すことで，企業・組織は高い成果を上げられるという論理です。要するに経営の良し悪しは，すべて経営者・トップのリーダーシップ次第であるという考え方です。これはものごとを非常に単純化した説明であり短絡的ともいえますが，こうした発想は根強くわれわれの中にあるといってよいでしょう。

トップ・マネジメントのリーダーシップが影響を及ぼす範囲を考えると，いま説明したようなトップ・マネジメント万能論的な発想も間違いではありません。ただし「トップのリーダーシップが関連する領域を広く捉えること」と，「トップのリーダーの個人的な力量・能力」とを混同することは，事態を見誤ることになるでしょう。すなわち，企業・組織のトップに立つ人間は，経営理念・ビジョン，経営戦略，組織構造，組織文化などの意義を理解し，それらに対して意図的に影響を及ぼす必要があります。しかし，トップがこ

| Column | **生まれながらのリーダーって？** |

　本文でも説明したように，リーダーシップは生まれながらの資質・能力なのか生育環境や教育によって育まれる能力なのかに関して，理論的な決着はついていません。1つだけ確かなのは，先天的要因だけあるいは後天的要因だけでリーダーシップを説明することはできないということです。それゆえに，「自分はリーダーシップがない人間だ」などと思う必要はないのです。

　企業や組織で権限と責任のある地位に就いた時には，まず地位勢力（ヘッドシップ）とリーダーシップの関係を意識する必要があるでしょう。両者は厳密に区別されるわけではありませんが，「地位や権限を越えて，自分は部下（フォロアー）に影響を及ぼしているのだろうか」ということを自問自答することは有益です。こうした自覚はサークルやクラブで役職に就く場合でも有益です。

　また「第5水準のリーダーシップ」で描かれるリーダーは，派手にマスコミなどに取り上げられるタイプではなく，地道な努力を積み重ねるタイプだということも説明しました。これは個人の特性といえますが，自覚と努力次第である程度は身につけられるものです。このように，責任感を持って努力すれば，リーダーシップを発揮することは可能です。

れら経営のすべての側面に関して，組織内の誰よりも豊富な知識と卓越した洞察力を有していると仮定するのは現実的ではありません。

　むしろ，組織内のさまざまな人材，知識，情報，組織能力などを結集したうえで，権限委譲できる部分は権限委譲し，重要な事項に関してのみ最終的な判断・決断を下すことがトップに期待されるリーダーシップの中核です。そのように考えないと，トップにすべての意思決定が集中し組織が迅速に機能しないばかりか，トップの個人的な能力を超えた組織としての能力を引き出すことはできないでしょう。

| Working | 調べてみよう |

1．自分が所属するサークル・クラブあるいはアルバイト先の企業・組織での経験をもとに，すぐれたリーダーの特徴について調べてみよう。
2．有名な経営者（本田宗一郎，松下幸之助など）を1名選び，性格・特性の側面と意識的な行動の側面から，その経営者の人物的な特徴を調べてみよう。

Discussion
議論しよう

1. Workingで調べた内容をもとに，リーダーシップの3つの理論的アプローチ（特性論，スタイル論およびコンティンジェンシー論）について，有効な（納得できる）側面と限界（納得できない）点について議論してみよう。
2. リーダーシップの代替性およびリーダーシップ万能論（本書参照）について議論してみよう。

▶▶▶さらに学びたい人のために

- 金井壽宏［2005］『リーダーシップ入門』日本経済新聞社。
- Robbins, S. P. [1997] *Essentials of organizational behavior* (5th ed.), Prentice-Hall.（高木晴夫監訳［1997］『組織行動のマネジメント』ダイヤモンド社）

参考文献

- 石川淳［2009］「変革型リーダーシップが研究開発チームの業績に及ぼす影響」『組織科学』第43巻第2号：97-112。
- 金井壽宏［1991］『変革型ミドルの探求』白桃書房。
- 坂下昭宣［2007］『経営学への招待（第3版）』白桃書房。
- 土屋守章・二村敏子責任編集［1989］『現代経営学説の系譜』有斐閣。
- 二村敏子責任編集［1982］『組織の中の人間行動』有斐閣。
- 若林満・松原敏浩編［1988］『組織心理学』福村出版。
- Bass, B. M. & Avolio, B. J. (Eds.) [1994] *Improving organizational effectiveness through transformational leadership,* Sage.
- Collins, J. C. [2001] *Good to great,* HarperCollins.（山岡洋一訳［2001］『ビジョナリーカンパニー②飛躍の法則』日経BP社）
- Hersey, P. & Blanchard, K. H. [1977] *Management of organizational behavior* (3rd ed.), Prentice-Hall.（山本成二・水野基・成田攻訳［1978］『行動科学の展開』生産性出版）
- Schein, E. H. [1992] *Organizational culture and leadership* (2nd ed.), Jossey-Bass.
- Tosi, H. L., Rizzo, J. R. & Carroll, S. J. [1994] *Managing organizational behavior* (3rd ed.), Blackwell.

第11章 モチベーション

Learning Points

▶ この章では，人間の「やる気」（モチベーション）に関する諸理論の基本的な考え方について学びます。モチベーション理論は，モチベーションを「欲求を充足するための行動」と理解する「欲求（内容）理論」と，「人間がやる気になる仕組み」を解明しようとする「プロセス論」とに大きく2分されます。

▶ また，フロー，有能感など，モチベーション研究の中では比較的新しい概念についても学びます。

Key Words

欲求　外的報酬　内的報酬　MBO（Management By Objectives）
経済的インセンティブ

1 内容理論（欲求理論）

経営学でモチベーションを説明する際には，**内容理論**と呼ばれる諸研究から始める場合が多いです。これらの研究は「何が人間の行動を引き起こすのか」の「何が」に注目する諸研究です。この分野に分類される研究の中には，人間の内的な欲求に注目するものが多く，**欲求理論**と呼ばれる場合もあります。しかし，欲求それ自体だけではなく，欲求を充足する対象に注目している研究もあるので，欲求理論よりも内容理論のほうが適切な名称でしょう。

1.1　マレーとマクリーランドの欲求理論

欲求理論に基づく内容理論の1つの系譜が，マレー（H. A. Murray）とマクリーランド（D. D. McClelland）の理論です。

1.1.1 マレー理論

マレーは，①人間は多くの欲求を持つ，②人間行動は欲求を満たそうとするプロセスである，という2つの基本命題に基づいて人間の欲求を列挙しました。具体的な欲求のリストは**図表11−1**に示したとおりです。

マレーの欲求リストは，欲求理論の先鞭をつけたといえます。しかし，欲求間の関連性が明らかではなく，また重複するような欲求が列挙されているという問題点があります。

1.1.2 マクリーランド理論

マレーの研究を直接引き継ぎながら，より絞り込んだ理論にしたものがマクリーランドの理論です。彼もマレーと同様に「課題統覚検査」（Thematic Apperception Test：TAT）という手法を利用してデータを集め，マレーの欲求リストの中から以下の4つの欲求が，人間行動にとって重要な意味を持つという結論に達しました。

① **達成欲求**：ものごとをより高いレベルでなし遂げたいという欲求
② **パワー欲求**：「自分の意見を押し通したい」「他人に影響を与えたい」という欲求
③ **親和欲求**：周囲の人間と友好的・親密にかかわりたいという欲求
④ **回避欲求**：失敗など不快で不安な状態を回避したい欲求

図表11−1 ▶▶▶マレーの欲求リスト

謙虚欲求	達成欲求	親和欲求	攻撃欲求	自律欲求
抵抗欲求	恭順欲求	防衛欲求	支配欲求	自己顕示欲求
傷害回避欲求	屈辱回避欲求	不可侵欲求	愛情欲求	秩序欲求
遊戯欲求	拒否欲求	隠遁欲求	感性欲求	性的欲求
援助欲求	優越欲求	理解欲求	獲得欲求	非難回避欲求
認識欲求	構成欲求	説明欲求	承認欲求	保持欲求

出所：二村敏子責任編集［1982］『組織の中の人間行動』有斐閣，50頁を修正。

マクリーランドらは，さまざまな人たちからデータを集め，達成欲求が仕事上の成果と関係があることを確認しました。また，米国海軍など大規模な組織の管理者で成功している人は，達成欲求よりもむしろパワー欲求が強い傾向にあることなども確認しました。

なお，これら4つの欲求は独立した次元として捉えられています。すなわち，たとえばパワー欲求が強くかつ親和欲求も強い人もいるというように，どれか1つの欲求だけで特定の人間を捉えているわけではないということです。

1.2 マズローの欲求階層説とERG理論

1.2.1 マズローの欲求階層説

内容理論（欲求理論）の中でもっとも有名なのが，マズロー（A. H. Maslow）の欲求階層説です。マズローの名前は知らなくとも，**自己実現**という用語は広く使用されており，とくに人事マネジメント（人的資源管理）にかかわる書籍や雑誌などでは頻繁に使われるようになっています。自己実現という用語はこの欲求階層説の考え方とともに一般に流布したものです。

このモデルの要点は，人間行動を引き起こす欲求は5つあり，しかもそれらが階層（段階）を形成しているというものです。

図表11-2 ▶ ▶ ▶ マズローの欲求階層説

具体的には下位の欲求から順に，①生理的欲求，②安全欲求，③所属と愛情欲求（社会的欲求），④自尊欲求（承認欲求），⑤自己実現欲求，という5つの欲求が階層をなしているとされています。

①**生理的欲求**：食欲，睡眠欲などのように，人間が生物・動物として当然に有する生理的・肉体的な欲求を意味します。
②**安全欲求**：物理的な危険から身体を守るという欲求です。マズローは生理的欲求と安全欲求を区別していますが，両者は，人間が生物・動物として生命を維持していくために生まれながらにして持つ欲求と理解することもできます。
③**所属と愛情欲求（社会的欲求）**：人間は社会的な生き物であり，交友関係などの人間的なつながりを欲することを意味しており，**社会的欲求**と呼ばれることもあります。「群れ」を形成して生息する動物は多く存在しますが，動物の場合は，餌を採る，身の安全を守るなどのために群れを形成するのであり，いわば生理的・安全欲求のために集団を形成しています。それに対して，人間が企業・組織に所属するのは，生活の糧を得るためという側面もありますが，それに尽きるわけではありません。組織に所属することで心理的な安心感を得る場合もありますし，仕事とは別に趣味のサークルに属することなどもあります。こうした側面を指して，所属と愛情欲求と名づけられています。
④**自尊欲求（承認欲求）**：自分の自尊心を大切にしたい，あるいは他人から認められたいといった欲求を意味します。
⑤**自己実現欲求**：承認欲求が「他人の目に自分がどのように映るか」という面が強いのに対して，自己実現欲求は自分自身が望む自我像に到達したいという欲求であるとされます。あえていえば，「あるべき自己」あるいは「理想の自己像」を発見し，それに到達したいという欲求です。

これらの基本的欲求の中で「自己実現」の概念は，「達観する」「悟りを開く」などの東洋的な概念・発想にも一脈通じるところがあります。そのため

に，日本でも広く知られるようになったものと思われます。

マズローの階層説では，こうした5段階の欲求の階層にそって，人間は低次の欲求が満たされると，次第に高次の欲求を満たそうとすると仮定されています。たとえば，生理的欲求，安全欲求，所属と愛情欲求が満たされている人間に対して，それらの欲求を満たすようなインセンティブ（食べ物，家，組織のメンバーシップなど）は行動の動機にはならず，より高次の欲求すなわち承認欲求を満たすような何かでなければ行動の動機にならないと考えられています。これは，経済学における**限界効用逓減**の考え方とも対応する考え方です。ただし，自己実現欲求だけはその欲求が完全に満たされることはなく，人間は際限なくそうした欲求を追求すると想定されています。

逆に，低次元の欲求が満たされていない人間に対して，高次元の欲求を充足するようなものを提供しても意味がないということも示唆しています。たとえば，飢餓状態にある人間に文学作品を与えても意味がないということです。

マズローの欲求階層説は，必ずしも充分なデータによる裏づけがなされたわけではありません。しかし，承認欲求と自己実現欲求という名称にみられるように，能動的で創造的な人間観を提示することで，その後の組織行動論と経営の実践に影響を及ぼしたことは否定できません。

1.2.2 ERG理論

マズローの欲求階層説を修正する形で，人間の欲求を生存（Existence），関係（Relatedness），成長（Growth）という3つの欲求に要約したものが，ERG理論です。

生存欲求はマズローの欲求階層説における**生理的欲求**と（物質的な）**安全欲求**に相当し，人間が生存し続けたいという根源的な欲求を意味します。**関係欲求**は，階層説の（対人的な）**安全欲求，所属と愛情欲求**と（対人的な）**承認欲求**に相当し，人間関係の中で満たされる欲求を意味します。**成長欲求**は，階層説でいう（自己確認的な）**承認欲求**と**自己実現欲求**に相当し，自己の成長を願う欲求を意味します。なおここでは，安全欲求と承認欲求をおの

図表11-3 ▶▶▶ マズローの欲求階層説と ERG 理論

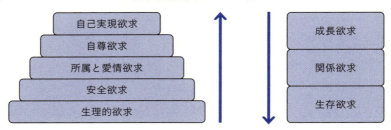

おの2つに区別していますが，これはERG理論を提唱したアルダファー（C. P. Alderfer）によるマズロー理論の解釈を反映しています。

ERG理論は，マズローの欲求階層説と同様に欲求の階層性を想定しています。しかし，マズローがどのような人間もより高次元の欲求充足を願うと想定したのに対して，ERG理論では，人間は高次元の欲求充足が困難な場合には，低次元の欲求充足で満足する傾向があるとしています。さまざまな研究によると，マズローの階層説よりもERG理論を支持するデータが多いといわれています。

1.3 動機づけ－衛生理論（2要因理論）

内容理論の中で，マズローの欲求階層説とともに有名なのが，**ハーズバーグ**（F. Herzberg）らによる**動機づけ－衛生理論**（2要因理論）です。これは，データの収集方法，データの解釈などに関して批判はありますが，さまざまな職業に従事する人たちからデータを収集しており，その点では現実妥当性，説得力が高いといわれます。またこの理論は，労働における人間のモチベーションに影響する要因（インセンティブ）に注目しており，同じ内容理論とはいいながら，人間の欲求を直接解明しようとしたマズローなどの研究とは異なる発想に基づいています。

この理論では，モチベーションに関連する要因を大きく以下の2つに分類しています。

①**衛生要因**（**不満足要因**）：会社の方針，監督者との関係，同僚との人間関係，労働環境，給与など
②**動機づけ要因**（**満足要因**）：仕事上の責任，達成感，周囲からの承認，挑戦的な仕事など

　この理論の特徴は，これまで動機づけ効果があると思われていた要因が，じつは積極的な動機づけにはあまり影響がないと主張する点にあります。これらの要因は，**衛生要因**あるいは**不満足要因**と呼ばれます。たとえば上司との折り合いが悪いといった場合，それは職務上の不満足の原因になります。しかし，そうした不満足要因が解消されることと，積極的に働く気になることとは別であるというのです。

　それに対して**動機づけ要因**あるいは**満足要因**と呼ばれるものは，仕事内容それ自体に直接関連するものが多く，積極的なやる気に関連しているとされます。ここで興味深いのは，彼らの調査では「給与」は動機づけ要因ではなく衛生要因に分類されている点です。

　ハーズバーグらの研究は，臨界事例法という被験者に対する回想的なインタビューによりデータを収集しており，その点では豊富なデータに裏打ちされた理論です。インタビューでは仕事に関して「非常に満足した出来事」と「非常に不満を持った出来事」を思い返してもらうという方法が採られており，職務満足については解釈の余地は少ないですが，この結果をモチベーションの理論として読み替えるのは，多少論理的な飛躍が大きいともいえます。

1.4　外的モチベーションと内的モチベーション

　ハーズバーグの動機づけ-衛生理論と関連したモチベーション理論の考え方に，外的モチベーションと内的モチベーションという概念があります。外的モチベーションは**外発的モチベーション**（extrinsic motivation）ともいわれ，**外的報酬**（extrinsic reward）という概念で説明される場合もあります。他方，内的モチベーションは**内発的（自発的）モチベーション**（intrinsic motivation）ともいわれ，**内的報酬**（intrinsic reward）という概念を用いて説明されます。両者の内容は以下のとおりです。

① **外的モチベーション**：経済的・物質的なものをはじめとして，目にみえる報酬（外的報酬）を与えることでモチベーションを喚起しようとする考え方
② **内的モチベーション**：仕事のやりがい・社会的意義など，仕事それ自体からもたらされる報酬（内的報酬）によって，モチベーションを喚起しようとする考え方

従来の研究では，行動のきっかけは外的報酬によってもたらされる場合が多いですが，内的モチベーションが喚起された状態では，外的報酬を与えることは好ましくないといわれます。すなわち，内的モチベーションがより好ましい状態であるが，そうした状態に達するまでは，外的報酬あるいは強制力も必要であるということを意味します。マグレガー（D. McGregor）の **X理論・Y理論**も，外的モチベーションに対応するX理論と内的モチベーションに対応するY理論というように理解することができます。

1.5 職務設計論

内容理論に分類されるモチベーション理論の中で，もっとも包括的かつ実践的な理論モデルが，ハックマン（J. R. Hackman）とオールダム（C. R. Oldham）の職務設計論です。彼らのモデルは，**図表11-4**のように要約できます。

このモデルでは，技能の多様性以下の職務特性を高めることで，仕事に関する有意義感などの心理的状態が喚起され，結果として内的モチベーションが高まるということを示唆しています。もっと単純化していえば，「仕事を難しくしたほうが，モチベーションが上がる」ということです。

ただしこのモデルでは個人差が考慮されており，**成長欲求の強さ**や知識・

図表11−4 ▶▶▶職務設計理論の概念図

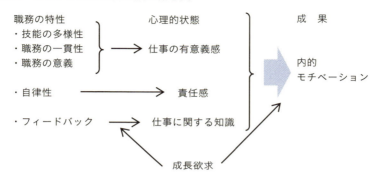

出所:Hackman, J. R. & Oldham, C. R.[1980]*Work redesign*, Addison-Wesley:83 を修正。

スキルのレベルなどによって,仕事の困難さが持つモチベーション効果は変わってくるとされています。すなわち,成長欲求の強い人については,仕事の困難さがモチベーション効果を持つが,成長欲求の弱い人については,仕事の困難さはモチベーション効果を持たなかったり,かえってモチベーションを低下させたりする可能性があることを意味します。

2 プロセス論

本章の1では,内容理論(欲求理論)について説明しましたが,ここではプロセス論,あるいは過程論と呼ばれる諸理論を説明します。プロセス論とは,ひと言でいえば「どのようなプロセス(過程)で,人間はやる気になるか」という発想に基づく諸研究です。

2.1 公平理論

公平理論(Equity theory)は,「人間は不公平を感知した際に,その不公平感を解消しようという動機を持ち,それが行動につながる」という基本的

な考え方に基づいています。具体的には、**過少支払い（過少報酬）**と**過剰支払い（過剰報酬）**という2つの状況における人間行動を想定しています。

2.1.1 過少支払い

$$\frac{Reward_i}{Input_i} < \frac{Reward_o}{Input_o} \qquad \cdots(1)$$

この式で、左辺は自分の努力（$Input_i$）とそれに対する報酬（$Reward_i$）の割合を意味し、右辺は比較している他人の努力（$Input_o$）とそれに対する報酬（$Reward_o$）の比率を意味します。この式の意味するところを単純にいえば、「自分の努力は、他者と比較して報われていない」と認識している状態ということになります。こうした状況において人間がどのように行動するかについて、公平理論では6つのパターンを想定しています。

① 自分のInput減少
② 自分のReward増大のための交渉
③ 比較対照者のInput増大への圧力
④ 正当化
⑤ 比較対照者の変更
⑥ 企業・組織からの離脱

最初の2つの行動はあまり説明を要しないでしょう。③は比較対照になっている人間にInputを増大するように圧力をかけることを意味します。④は、自分の置かれている状況を正当化する理由を自分で探すことを意味します。

2.1.2 過剰支払い

2.1.1に示した(1)の式の不等号が逆向きの場合は、過剰支払い（過剰報酬）と呼ばれます。この状況は「自分が報酬をもらい過ぎている状況」ということを意味します。公平理論では、過剰支払いに関する研究はあまり多くあり

ませんが，もっとも予想される行動は「状況を正当化する理由を探す」というものです。それ以外では，「居心地の悪さを感じる」「Inputの増大」といった点も指摘されています。

以上のように公平理論の内容は，むしろ「不公平理論」とでも呼んだほうが適切かもしれません。人間が，上記の式を正確に計算していると考えるのは現実的ではありません。しかしその示唆するところは，おおむね納得できるものでしょう。

2.2 期待理論

プロセス論の中で，日本の経営学関連の研究者によってもっとも多く紹介されるのが期待理論です。この理論では，自分の（経済的そして非経済的な）損得を合理的に計算する人間を想定しており，その点では経済学における人間観とも相通じる部分が多いです。

この理論に属するモデルにはいくつかのバリエーションがありますが，その骨子は，人間が行動を起こそうという「モチベーションの強さ」は以下の3つの変数の積として決められるといいます。

① 努力が結果を生むという期待
② 結果が報酬をもたらすという期待
③ 報酬の魅力度

> モチベーション強度＝ ｛(努力➡結果) 期待｝ × ｛(結果➡報酬) 期待｝
> ×報酬の魅力度

ここでいう期待とは，少し堅い表現をすれば「主観的な確率」ということになります。このモデルの特徴は，式からわかるように，「3つの変数の積」としてモチベーションの強さを定義している点です。すなわち，他の変数の

値がいくら高くても，ある1つ（あるいは2つ）の変数の値が著しく低ければ，実際に行動を起こそうとする動機の程度は低いと考えられています。

たとえば，プロのサッカー選手になりたいと思っている青年がいたとします。しかし，自分の実力を考えるとプロ選手になれる確率はどうみても低いといわざるをえません。そうすると，いくら報酬の魅力度（プロサッカー選手としての富，名声など）が高くても，努力が結果を生む期待（プロサッカー選手になること）が低ければ，実際に行動する（プロ選手を目指す）モチベーションは低いというのが，このモデルが予測するところです。

この理論についても，「人間が実際にどこまで冷静にこうした計算をするのか」「ベンチャー企業の経営者の行動はこのモデルで説明できるのか」といった限界はあります。しかし，その内容はおおむね納得のいくところでしょう。

2.3 目標設定論

モチベーション研究の中で研究数が多いのが**目標設定論**です。日本では1990年代半ば以降，年俸制などの名称で**成果型の給与体系**が多くの企業で導入されました。これに関しては，近年見直しの気運が高まっていますが，成果型給与体系と並行して導入されている管理方法として**目標による管理**（Management By Objectives：**MBO**）があります（一般的には**目標管理**と呼ばれる場合も多いです）。MBOはすでに1950年代頃から提唱・導入されてきたとされますが，目標設定論はこの管理方法を理論的に裏づけるものとして形成されてきた側面もあります。

この理論は，非常に単純な人間行動に関するモデルを基礎としており，簡単に図示すれば**図表11－5**のようになります。

この図で示す信念とは「意志が固い」という意味ではなく，ものごとの因果関係に関する客観的な知識を意味します。価値観とは，日常生活で使用される意味と同じです。「態度」とは対象（他人，部門，組織など）に対する，信念と価値観の総体に基づく評価あるいは判断を意味します。「意図」とは，

図表11-5 ▶▶▶ 人間行動の基本モデル

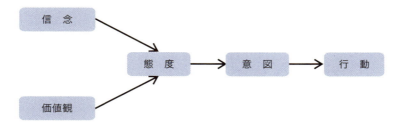

日常用語と同様の意味あいです。

目標設定論は，目標を設定することで人間行動の「意図」の部分に影響を与えようとするのです。ちなみに**期待理論**は，この人間行動モデルの信念（期待）と価値観（報酬の魅力度）の部分に注目して，モチベーションを解明していると理解できます。

目標設定論の基本的な主張は，いくつかの命題に要約することが可能です。それらは，次のようなものです。

①漠然とした目標よりも具体的で特定化された目標のほうが，モチベーション効果が高い。
②目標の困難さ（目標水準の高さ）とモチベーションの強さの間には，正の相関（正比例の関係）がある。
③目標が受け入れられるものならば，目標設定への参加（目標水準などに関して，自分の意見を反映させること）はモチベーションの強さと関連する。
④目標の達成度に関する情報のフィードバックが重要である。

これらの命題は，常識的なことをいっているにすぎないともいえます。しかし現実には，「とにかく今期の営業成績を上げろ」としか指示を与えない上司は，結構世の中に多いのではないでしょうか（この手の目標を"do-your-best type goal"などといいます）。そうした点では，実践的にも傾聴す

べき内容であるといえます。またこれらの命題は，モチベーションとともにリーダーシップに関する命題とも解釈できます。

3　フローと有能感

3.1　ふたたび外的モチベーションと内的モチベーションについて

すでに，外的モチベーションと内的モチベーションについては説明しました。外的モチベーションとは，外部から強制的な力が加わることによって「いやいやながらやる気になる状態」を意味します。たとえば，親の言いつけで仕方なくピアノを習いに行く子供，単位のために一夜漬けで試験勉強する学生，生活のために不満を言いながら会社勤めする人などを指します。

これに対して，内的モチベーションとは，「興味をもって自発的にやる気になっている状態」を指します。堅い表現でいえば「**自己目的的な行動**をしている状態」といえます。遊び，趣味，余暇などのように，誰に命令されるわけでもなくごく自発的にやる気になる状態を意味します。

ここで，さきのピアノのお稽古の例を続けると，最初は親の言いつけで仕方なく通い出したが，習い始めてみると意外と面白くなってくるということもままあることです。この例が示すように，最初は外的なモチベーションによって始められた行動が，次第に自発的な内的モチベーションに変わっていくこともあります。

3.2　フローとは

いま述べた内的モチベーションに関連した概念に「フロー（flow）」体験という概念があります。これは，チクセントミハイ（M. Csikszentmihalyi）という学者が提唱した概念で，「1つの活動に深く没入しているので他の何ものも問題とならない状態」あるいは「その経験自体が非常に楽しいので，

純粋にそれをするために多くの時間や労力を費やす状態」などと説明されます。これは，マズローのいう自己実現欲求に通じるところがあります。

ただし，職務設計論に代表されるように，多くのモチベーション理論は，仕事内容に幅を持たせるか（**職務拡大**），仕事を挑戦的なものにすること（**職務充実**）で自己実現欲求あるいは成長欲求を充足することができると考えられます。それに対してフロー体験は必ずしも挑戦的な仕事からだけ得られるわけではないとされます。すなわち，多くの人が「退屈だ」「つまらない」と考える仕事でも，フロー体験を経験する人がいるというのです。

たとえば，ベルト・コンベア式の流れ作業は概して退屈な労働と思われがちですが，そこでも「オリンピック選手が自分の種目に臨むのと同じ方法」で仕事を楽しむ人がいるというのです。これはたんなる「精神訓話」として提唱されているのではなく，長年にわたる数多くの事例調査をもとに提唱された概念である点は注目すべきです。

3.3　有能感

フローとともに，モチベーション研究の中では相対的に新しい概念の1つが"self-efficacy"であり，**有能感**，**自己効力**などの日本語が当てられています。有能感とは「特定の仕事を遂行するための能力に関する本人の信念」などと説明されますが，簡単にいえば「自信」です。ただし，ここで意味する自信は「いわれのない自信」ではなく，仕事内容を理解したり，過去の成功体験を自分なりに分析したりといった冷静な自己分析に基づいて，「これくらいの仕事ならできそうだ」と思う自信です。そして，有能感を高めるための方法としては，以下の方法があるとされています。

①**遂行による学習**
②**代理学習**
③**言語的説得**
④**情緒的説得**

遂行による学習とは，"learning by doing" のことであり，試行錯誤を繰り返しながら自分でやり遂げることです。代理学習とは上司，先輩，同僚など自分のまわりでうまく仕事をこなしている人の様子を観察して，それをまねることで学習していくことです。違う言葉を使えば，**役割モデル**（お手本）を見つけることです。説得には，言語的なものと情緒的なものがありますが，簡単にいえば周囲の人間による励ましです。

こうした見方は，われわれの日常的な感覚とも一致するところであり，とくに斬新なアイディアというわけではありません。しかし，これまでのモチベーション研究では見過ごされてきた部分であり，また職場や教育現場でも意外と実践できていないようにも思われます。「褒めて育てる」とは昔からいわれますが，日本では案外実践できていないようです。

4 リーダーシップとモチベーション

第10章で説明した「リーダーシップ」と本章で説明したモチベーションは，実際の経営においては密接に関連しているということは，体験的に理解できるでしょう。すなわち，上司（リーダー）の指示の仕方すなわちリーダーシップによって，部下・フォロアーのモチベーションが左右されるということです。しかし従来の研究は，リーダーシップとモチベーションを別々の現象として捉えるものが多かったのです。これは，科学的により厳密な研究をしようとした場合，どちらか1つの側面に注意を集中する必要があり，またデータ分析の方法にも限界があったからといえます。

そうしたなかで，**2** で説明した **MBO** と **目標設定論** は，基本的にはモチベーション理論とみなされますが，その基本命題を読めば，それらはそのままリーダーシップに関する命題と読み替えることができます。すなわち，「各人に具体的な目標を与えること」「少し難しい目標を与えること」「フォロアーに目標設定に参加させること」そして「目標達成度に関する情報をフィードバックすること」は，モチベーションの命題であると同時にリーダーシッ

プの命題でもあります（とくに**リーダーシップのPの次元**にかかわる命題
です）。

これ以外にも，最近はリーダーシップとモチベーションの関係を直接に取
り上げる研究も増えています。たとえば，**図表11－6**は第10章で説明し
た**変革型リーダーシップ**が有能感に影響を与え，結果としてグループの成果
を生み出すという関係を示しています。なおこの図で「個人に注目した変革
型リーダーシップ」とは，変革型リーダーシップの要素の1つである**個人の
成長への配慮**を意味しており，フォロアー個々人の能力や成長欲求への個別
的な配慮を意味します。

この研究も示しているように，リーダーシップとモチベーションは密接に
関連しているのは確かです。しかし，個人のモチベーションは，リーダーシ
ップだけに影響されるわけではありません。たとえば，企業・組織の給与体
系といった人事制度もモチベーションに大きく影響を与える要因です。直属
の上司のリーダーシップと同じくらい給与体系もモチベーションに与える影
響は大きいと考えられます。また本書で説明してきた，**経営理念**，**経営戦略**，
組織構造，**組織文化**などの要因も，直接的あるいは間接的に個々人のモチベ
ーションに影響を与えます。そうした意味では，モチベーションを過度にリ

図表11－6 ▶▶▶ 変革型リーダーシップと有能感

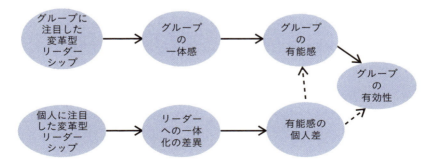

注：実線はプラスの影響，破線はマイナスの影響を意味する。
出所：Wu, J. B., Tsui, A. S. & Kinicki, A. J. [2010] "Consequences of differentiated leadership in groups," *Academy of Management Journal*, 53:91 を修正。

ーダーシップの視点から理解すると事態を見誤ることになる点も留意すべきでしょう。

5 経済的インセンティブについて

最後に，経済的インセンティブとモチベーションの関連に触れておきます。この章で説明した諸理論では，概して経済的・金銭的なインセンティブが軽視されている，あるいは明確にされていないと感じる人は多いでしょう。とくに，**ハーズバーグの２要因理論**では，給与は動機づけ要因ではなく衛生要因に分類されていました。

しかしモチベーションの諸理論は，経済的なインセンティブを無視しているわけではなく，むしろ経済合理的な計算の背後に潜む人間の心理あるいは認知的な側面に焦点を当てていると理解すべきです。なかでも期待理論は，冷静に期待値を計算する人間の認知を描いており，経済学的な人間観とも一致します。

また内容理論の代表格である**マズローの欲求階層説**の枠組みを利用すると，経済的インセンティブにもいろいろな意味があることが推察できます。すなわち，今日食べるものにも不自由している人にとってお金は，生理的欲求と安全欲求を満たす手段です。しかし，そこまで生活に困窮していない人にとっては，お金は社会的欲求を満たす手段（たとえば，友人と会食すること）であったり，承認欲求（たとえば，自分の能力や業績が認められて昇給すること）のバロメーターであったりします。このように，モチベーションの諸理論は，経済的・金銭的インセンティブを無視しているわけではなく，その背後にある人間の心理や認知に焦点を当てていると理解すべきです。

| Column | 自己実現欲求の功罪!? |

　本文でも説明したように,「自己実現」という言葉は,マズローの名前や「欲求階層説」を知らない人でも日常的に使う言葉になっています。とくに,人事関連の書籍,雑誌などでは,頻繁にこの言葉が登場します。自己実現欲求とは「自分の理想像を目指す願望」であり,誰しもそうした欲求は持っているはずです。

　しかし最近は,この自己実現という言葉が悪い影響を及ぼしているのではないかという意見もあります。学生が企業や組織で働き始めた頃は,単調な仕事や雑用のような仕事が多いのですが,そうした仕事に嫌気がさしてすぐにやめてしまう人が多いといわれます。その背景に「仕事を通して自己実現を図る」という発想が影響しているというのです。

　たしかに「やりがいのある仕事」を求めることは個人の自由であり良いことです。しかし,企業や組織には「やりたい仕事」ばかりではなく「やらなくてはならない仕事」がたくさんあり,むしろ後者のほうが多いでしょう。この点をよくわきまえないと「はてしない幸福の青い鳥探し」に陥ってしまう危険があります。

Working　　　　　　　　　　　　　　　　　　　　　　　　　調べてみよう

1. 自分が所属するサークル・クラブで実施している施策の中で,メンバーのモチベーションを高めるための施策を調べてみよう。
2. 企業・組織では,従業員のモチベーションを上げるためにどのような施策を導入しているか調べてみよう。

Discussion　　　　　　　　　　　　　　　　　　　　　　　　議論しよう

1. Working の1で調べたサークル・クラブの施策の効果と限界を,モチベーション理論を参考にしながら議論してみよう。
2. Working の2で調べた施策の効果と限界を,モチベーション理論を参考にしながら議論してみよう。
3. この章で紹介したモチベーションの諸理論が見逃しているモチベーションの要因・考え方などがないか,議論してみよう。

▶▶▶さらに学びたい人のために

- 二村敏子責任編集［1982］『組織の中の人間行動』有斐閣。
- Csikszentmihalyi, M. [1990] *Flow*, Harper & Row. (今村浩明訳 [1996]『フロー体験 喜びの現象学』世界思想社)

参考文献

- 坂下昭宣［2007］『経営学への招待（第3版）』白桃書房。
- 角山剛［1995］「モチベーション管理の理論的背景」『日本労働研究雑誌』No.422, 34-44頁。
- Hackman, J. R. & Oldham, C. R. [1980] *Work redesign*, Addison-Wesley.
- Herzberg, F. [1966] *Work and the nature of man*, World Publishing. (北野利信訳 [1968]『仕事と人間性』東洋経済新報社)
- Maslow, A. H. [1970] *Motivation and personality* (2nd ed.), Harper & Row. (小川忠彦訳 [1987]『人間性の心理学（改訂新版）』産能大学出版部)
- McClelland, D. C. [1987] *Human motivation*, Cambridge University Press.
- Organ, D. W. & Bateman, T. S. [1991] *Organizational behavior* (4th ed.), Irwin.
- Pinder, C. C. [1984] *Work motivation*, HarperCollins.
- Tosi, H. L., Rizzo, J. R. & Carroll, S. J. [1994] *Managing organizational behavior* (3rd ed.), Blackwell.
- Wu, J. B., Tsui, A. S., & Kinicki, A. J. [2010] "Consequences of differentiated leadership in groups," *Academy of Management Journal*, 53 : 90-106.

第12章 もっと深く経営学を学ぶために

Learning Points

▶ この章では，経営学とくに経営戦略論における主要な考え方（パラダイム）の1つである「資源ベース論」の基本的な考え方について学びます。
▶ また，「イノベーション」についての基本的な考え方と，イノベーションを推進するための組織づくりに関する諸研究の成果についても学びます。
▶ さらに，経営学の特徴と今後の発展の方向性についても学びます。

Key Words

組織能力　経営資源　知識　技能　暗黙知　形式知　学際性

1 組織能力

1.1　経営資源と組織能力

　第5章の最後でも少し説明しましたが，経営戦略論の分野では，企業が有する経営資源や組織能力が，企業の競争優位性の重要な源泉の1つであるということが広く意識されるようになっています。組織能力に似た言葉として「コア・コンピタンス」（core competence）というものがありますが，これも一般的な経営用語として定着した観があります。また経営の実践面でも，「経営の鍵を握るのは，ひと，もの，かね，情報である」に類した表現がしばしばされますが，これは企業が有する経営資源が経営の優劣を決めるという経験則を意味しています。さらにいえば，「あの会社は，技術力はあるけどマーケティング力がいまひとつだ」などともいわれますが，これは組織能力が経営の優劣を左右するという考え方を示しています。

　このように，経営資源と組織能力は，いまや実務界でも学界でも日常的に

使用される用語・概念です。しかし、それらの概念定義は人によってまちまちであり、かなり多様性があります。そうした状況において、筆者は**経営資源**を「貨幣額による測定の難易にかかわらず、企業の収益獲得のために貢献しうるもの」と定義してきました。この定義では、**会計上の資産**との関連を意識しています。

　会計上の資産は、「貨幣額で合理的に測定できるもの」に限定されます。そのため従来は、取得原価主義に基づき、購入額（**取得原価**）が確定しているものだけを資産とみなしてきました。それに対して、経営資源には貨幣額による測定が困難な（不可能ではないが）ものも含まれます。**企業イメージ**、**ブランド**、経営者の資質などは、経営資源とはみなせますが会計上の資産とみなされない典型的な例です。もっとも近年は、会計における資産概念も変化しており、「将来の収益獲得に寄与するもの」を資産とみなそうという動きがあります。そのため、ブランドなども会計上の資産とみなそうという発想が顕著になっています。

　他方、**組織能力**とは「経営資源を活用、蓄積、開発し、製品・サービスを創り出す力」と定義できます。また組織能力には、機能別の能力（技術力、販売・マーケティング力、生産力など）とそれらを統合した総体的な組織能力とを想定するのが妥当です。

　以上のように、筆者は、経営資源と組織能力を区別して概念規定しています。研究者によっては、経営資源という概念に組織能力をはじめとして組織構造、人事制度、組織文化などまでも含めて考える者もいますが、経営資源と組織能力は、基本的には区別すべきでしょう。

　たとえば、**技術力**という**組織能力**を話題にする場合には、**特許**が1つの指標となります。この場合、特許は**技術資源**という**経営資源**であり、特許の対象となる技術を開発するのが技術力という組織能力です。また、外部（他社）から取得した特許の例を考えた場合、取得した特許はあくまでも外部調達した経営資源であり、これをいかに有効に活用するかが技術力です。企業が、いくら金に糸目をつけずに特許を買い漁ったとしても、それらを活用する組織能力（技術力）が欠落していては、宝の持ち腐れになります。

こうした例からもわかるように，経営資源と組織能力の概念は，基本的には区別すべきです。また特許の例からもわかるように，企業・組織の競争上の優位性の源泉としては，経営資源よりも組織能力のほうがより重要度が高いといえます。

1.2　知識，技能と組織能力

　組織能力と関連する概念として**知識**があります。知識に関しては，野中郁次郎教授の 1990 年の著作以降国内でも**知識創造**，**ナレッジ・マネジメント**などのキーワードを含む本や論文が数多く発表されてきました。知識という概念の定義にも多様性がありますが，ここでは細かい定義にはこだわらず，知識が組織能力を構成する要素であるという点を強調しておきます。

　厄介なのは，知識の範囲あるいは性質をどのように捉えるかです。ここで関連してくるのが**暗黙知**の概念です。暗黙知とは「言葉にはしにくい（あるいはできない）知識」と説明される場合が多いです。たとえば，人の顔をみて友人の誰それと識別できるのは，言葉ではうまく説明できないが暗黙知としての知識を人間が有しているからだといわれます。いうならば，**技能**，**直感**，勘，コツなどの言葉で表現されるものがそこには含まれるという解釈が可能です。

　ただし米国の研究でも，知識（knowledge）と**技能**（skill）を区別する論者は結構多いです。すなわち，文字・言葉にすることができるのが知識（**形式知**）であり，言葉ではうまく表現できず，身体的な感覚としていわば「体得するもの」が技能あるいは暗黙知であるという区別です。

　この点に関して私見を述べれば，暗黙知（tacit knowledge）という用語が誤解を生み出している，あるいは現象を正確に表現していないといえます。暗黙知という言葉は日本では野中教授によって広められましたが，もともとはポラニー（M. Polanyi）という人が提唱した概念です。ポラニーの有名な本の書名は *"The Tacit dimension"* であり "tacit knowledge" ではありません。また本の中でも "tacit knowing" という用語は何度も使用されています

が，"tacit knowledge" はまったくではありませんがほとんど使用されていません。

　ここでまず確認しておきたいのは，ポラニーが "tacit knowing" という用語で論じている要点は，「言い表すことができない（難しい）が，獲得された知識」とはニュアンスが異なるという点です。違う言い方をすれば，彼は "tacit knowing" という概念で，「知っていること」ではなく「知ること」について論じているのです。さらに違う言い方をすれば，暗黙知とは「知っていること」ではなく「知ること」あるいは「知ることの仕組み」を意味する概念と理解したほうが正確です。

　こうした点を踏まえると，言葉，数式などで表現される形式知（explicit knowledge）の対概念として暗黙知を理解することは正確さを欠くといえます。むしろ，形式知と暗黙知は，次元あるいはレベルの異なる人間の知的活動と捉えるべきです。

　知識マネジメント論あるいは知識創造論では，暗黙知は形式知に転換しうるとしていますが，ポラニーはこの点に関して否定的な意見を述べています。たしかに，知識マネジメント論で論じられているように，現場に入り込み実体験を積むなどの方法を通して，ある程度は暗黙知を形式知に転換することはできるでしょう。しかし，暗黙知のすべてが形式知化できるとは考えにくいです。

　経営の世界でいえば，熟練を要する製造現場にこうした傾向は顕著にみられますが，それ以外のあらゆる業務が，程度の差こそあれ，暗黙知的な側面を有しています。もっとも逆説的なのは，研究開発のような科学技術的知識を応用する業務です。これらの仕事の成果は高度に形式知化されていますが，そのプロセスはいわば職人的であり，かなりの部分を暗黙知的な側面に依存しています。

　さて，ここまで詳しく暗黙知について説明してきましたが，暗黙知を形式知とは次元の異なる知的活動とみなすと，暗黙知と組織能力とはかなり似た概念になります。しかし，暗黙知と組織能力の関連を考えると，組織能力とは形式知，暗黙知，技能，コツなどと呼ばれるものの総体と理解することが

できます。ポラニーが暗黙知を説明する際に使用した「われわれは語れる以上のことを知っている」という有名なフレーズがあります。これにならえば，組織能力とは「われわれは知っている以上のことをすることができる」と表現できるのではないでしょうか。

2 イノベーション

経営に関する本や雑誌記事などでは，「イノベーション」（innovation）という言葉が頻繁に登場します。昔はイノベーションを「技術革新」などと訳していましたが，最近はカタカナ書きでイノベーションと書く場合がほとんどです。

われわれの身の周りには，大規模なものから小さなものまで，さまざまなイノベーションがみられます。PC，電化製品，自動車などの新機種・新モデルが出れば，従来の機能が高度化されていたり（MPUの処理速度の高速化，ハード・ディスク容量の増大，燃費向上など），新しい機能が追加されていたりします。製品に限らず，サービスについてもさまざまな試みが現実化しています。とくにインターネットを利用した新しいサービスは数多く提供されるようになっています。このように，イノベーションとはわれわれのごく身近にみられる現象です。

2.1 イノベーションと経営戦略

現在ではイノベーションとはごくありふれた出来事といえます。しかし，企業・組織を経営する立場からすれば，イノベーションを起こすこと自体が目的ではなく，イノベーションによって顧客を中心とするステークホルダーの支持を得ること（会社であれば，収益・利益に結びつけること）が，より根源的な目的です。

こうした観点からすると，イノベーションと経営戦略は同じような意味内

容を含む概念です。実際，世の中に出回っている本の中には「イノベーション」という言葉を表題の中心に据えていながら，内容は経営戦略について説明しているものも多いのが事実です。

「技術革新」「技術開発」「研究開発」などの意味でイノベーションを捉えた場合には，イノベーションは経営戦略よりも狭い技術的な活動・機能を意味します。しかし，「技術革新の方向性」という意味でイノベーションを捉えた場合には，イノベーションと企業（全社）戦略あるいは事業（競争）戦略はかなりの部分が重複した概念になります。

たとえば，世界の自動車メーカーにとって，将来の自社の命運を左右するという点で，電気自動車に関するイノベーションは戦略的な最重要課題です。しかし現時点では，価格の高さ，社会的なインフラストラクチャーの不備（とくに充電設備の不足）などの点から，顧客がガソリン・エンジン車から一気に電気自動車に乗り換えるとは考えられません。新興国のように，これから自動車が普及する国々における事業展開においては，むしろ低燃費の小型車開発のほうが短期的には戦略的重要性が高く，また収益に直結する事業です。

自動車メーカーは，将来を見据えて電気自動車（さらには燃料電池車）のイノベーションを推進しつつ，目下の課題である新興国向け小型車開発というイノベーションも推進する必要があります。電気自動車はすでに国内外の数社が発売を開始していますが，まだ普及には至っておらず，他社は市場の様子をみながら，発売時期，性能，価格などを検討している段階です。

このように，イノベーションは「技術的に実現できること」ももちろん重要ですが，「市場で受け入れられること」もまた重要です。有人宇宙飛行のような国家プロジェクトであれば「市場で受け入れられること」など気にすることなく，科学的・技術的に実現できることを極限まで追求すればすみます。しかし，公企業であっても「高度な科学技術開発におけるコストとベネフィット」が問われる時代になっています。企業（会社）の場合には，そうした視点がより強く求められることは，いわずもがなでしょう。

以上のように，企業・組織の経営という観点からすると，経営戦略と「イノベーションの方向性の決定」とは同じような意味を持ちます。

2.2　イノベーションと組織プロセス

　経営学において，イノベーションにかかわるもう1つ重要なテーマは「どのように新しいアイディア，知識を生み出すか」というものです。これは，本書の構成でいえば，**組織の枠組み作り**と**組織における人間への対応**の内容がすべて，直接あるいは間接的に関連しています。簡単にいえば「継続的にイノベーションを実現する組織」を作り上げるということです。

　具体的にイノベーションと組織に関する研究テーマとしては，以下のようなものが挙げられます（詳しくは，Gupta, A. K., Tesluk, P. E. & Susan Taylor, M. [2007] "Innovation at and across multiple levels of analysis," *Organization Science,* 18: 885-897 を参照してください）。

- ネットワーク・知識フロー
- 組織構造の変化（組織変革）
- 組織能力の開発
- 個人の創造性
- チーム特性
- 制度的要因

2.2.1　ネットワーク・知識フロー

　これは，組織内外における人的ネットワーク（いわゆる「人脈」）を通して「知識がどのように伝わるか」「どのようなネットワークが知識創造につながるか」などのテーマを研究する分野です。この分野では「緊密な人的ネットワークが有効である」という見方（**スモール・ワールド**という）と，「希薄な人的ネットワーク（たまにしか連絡を取らない友人など）が有効である」という（**構造的空隙**や**弱い紐帯**という），たがいに相反する見方が併存しており，一概にどちらだけでイノベーションを説明することはできません。

　これは，**産業クラスター**（industrial cluster or industrial district or regional cluster）とも関連しています。産業クラスターとは，特定の地域にある産業に関連する多くの企業が集積し，かつ産業全体が競争優位性を保っているものを意味します。米国カリフォルニア州北部の**シリコンバレー**（Silicon Valley）における ICT（情報通信）技術関連企業の隆盛は，世界的に有名な例です。産業クラスターを理解する場合，ネットワークの概念は不可欠です。

2.2.2 組織構造の変化（組織変革）

組織変革については，すでに本書の中で説明したとおりです。人によっては，組織変革自体をイノベーションとみなす人もいますが，経営という観点からすると，組織変革は他のイノベーションを生み出す「手段」と位置づけるほうが，概念的にも用語的にも混乱が少ないように思われます。単純化していえば，組織変革とは「組織文化の変革」を意味しますが，イノベーションとの関連でいえば，「イノベーション志向の価値観と思考・行動様式の浸透」が重要です。

イノベーションというと，メーカーの研究・開発部門に属する技術者を想像しがちです。たしかに，最先端技術はイノベーションの重要な要素です。しかし，「イノベーションにおける**死の谷**」（技術的発明のうち製品・商品になるものは一部であるということ）あるいは「**ダーウィンの海**」（市場に出された製品・商品のうち生き残るものは一部であるということ）という概念があるとおり，技術の高さだけで製品やサービスが世の中に受け入れられるわけではありません。そのため，研究開発部門の技術者だけでなく，企業・組織のあらゆる人間が「市場を意識したイノベーション志向」を持つことが重要になってきます。これは，経営学のテーマであるとともに，マーケティング研究のテーマでもあります。

2.2.3 組織能力の開発

組織能力については，本章の **1** で説明したとおりであり，経営学の中では 1 つの鍵概念になっています。しかし，組織能力の重要性を否定する人は少ないですが，具体的にどのように組織能力を測定できるか，あるいはどのよ

うに組織能力の開発・向上を図るかに関しては，あまり研究が進んでいません。そうした中で，筆者は「**成果を示す指標の体系**」として，組織能力を定量的に把握できると考えています。この考え方を図示しているのが，**図表12−1**です。

図表12−1は，本書でここまで説明してきた内容をかなりの程度網羅しつつ，イノベーションとブランド・マネジメントにかかわる組織能力の概念体系を示しています。なお，図では**社会性**という用語を使用していますが，これは内容としてはCSRおよび企業倫理を意味しています。

この図では，組織能力を「成果を示す指標の体系」として捉えており，図で示した「経営理念」以下の概念はすべて指標として捉えることができます。たとえば，経営理念に関しても「経営理念が明確にされている程度」「経営理念が組織内に浸透している程度」などのように指標として捉えることができます。他の概念についても，「知識共有の程度」「研究・開発（R&D）と出願の同期化の程度」などのように，指標として捉えることができ，各概念・指標は，最終的には売上高あるいは価格プレミアムという経営成果に対して，プラスの効果を持つ指標として体系化されています。

図表12−1 ▶▶▶ 経営戦略と組織能力に関する概念図

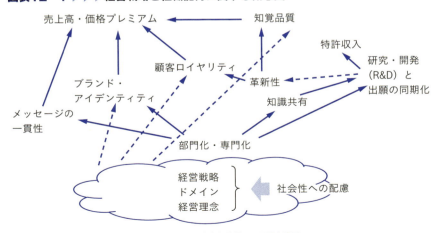

出所：藤田誠［2007］『企業評価の組織論的研究』中央経済社，228頁を修正。

組織能力をこのように定式化するのは筆者のオリジナルな発想であり，必ずしも一般に定着した考え方ではありません。しかし，実務界においても学界においても，定量的な指標で組織能力を把握しようという発想は根強くあります。そうした点では，この組織能力の概念図は，定量的に組織能力を把握するための基本構想を示しているといえます。

　とくに，組織能力の「向上」という場合，なんらかの定量的な指標で測定する必要があります。そうした指標がなければ，組織能力が向上したか否かは判断不可能です。たとえば，図にも示されている**特許**はイノベーションを測定するオーソドックスな指標です。これに限らず，可能な限り具体的な成果を示す指標を設定することが，イノベーションのための組織能力向上にとって重要です。

2.2.4　個人の創造性とチーム特性

　経営という観点からすれば，個人の創造性とチーム特性は不可分のテーマです。チーム特性にまったく影響されずに個人の創造性が発揮されるならば，創造性の高い人をメンバー（従業員）として企業・組織に迎え入れる（採用する）ということだけが問題になります。

　しかし現実には，組織や部門（チーム）の特性が個人の創造性を刺激したり，逆に抑圧したりします。その結果として，組織のイノベーションも活発化されたり沈滞したりします。そうした点では，チーム特性（組織構造）はイノベーションにとって重要な要素です。これに関してもさまざまな見解がありますが，以下のようなチーム特性（組織構造）がイノベーションを促進すると考えられます。

①**分権化と自律性**：各人が自由にアイディアを出せる環境が何よりも大事である。
②**多様性**：経歴，性別，年齢，人種などの多様性を図ることで，物事を多面的に検討することができる。
③**部門横断的チーム**：②とも関連するが，特定部門の発想（下位文化）に

縛られずに柔軟な発想を促す。
④ **外部とのコミュニケーション**：企業・組織内に閉じこもらず，組織外部の動向や情報に敏感であること。
⑤ **トップの支持**：トップは基本的な方向性を示したうえで，後は現場に任せ現場をサポートする体制が必要。

2.2.5 制度的要因

　経営学（組織論）における「制度」（institution）の概念は非常に曖昧ですが，あえて単純化していえば「社会的な価値観・規範を組織が取り入れること」を意味します。それゆえに，制度ではなく「制度化」（institutionalization）のほうが，制度派理論の核心を言い表しているといえます。

　イノベーションに関連した最近の社会的価値観・規範としては**環境問題の重視**が真っ先にあげられるでしょう。これは，ゼロ・エミッションのように，企業活動における環境への負荷軽減という活動や，環境を意識した製品開発志向などに現れています。もっといえば，経営活動全般において，環境を意識したイノベーションが求められているといっても過言ではないでしょう。

　イノベーションとは，個人の創造性におおいに依存する活動です。それゆえに，非常に奥深く不可思議な活動であり，単純な説明は不可能な領域です。しかし，そうした未知の領域であるがゆえに，一層興味が尽きない研究領域でもあります。

3　経営学の課題と方向性

　第1章で説明したとおり，経営学は学際的であり，また実践的な学問分野です。こうした特徴は，現実の経営活動を理解・説明・予測することに役立っており，現実の経営上の意思決定を行う際の指針になっています。しかし，学問領域あるいは研究分野としての経営学を考えた場合，課題もあります。

なおここでは，学問，研究，理論は同じ意味で使用しています。

3.1 学際性に関して

学際性には「特定の学問領域に固執せずに広い視野を持てる」という利点もありますが，逆に学問固有の概念や理論体系が希薄になりがちであるという欠点にもなります。たとえば，コーポレート・ガバナンスの内容はかなりの程度が法学（会社法）の内容であり，経営学固有の内容は案外少ないのです。また，リーダーシップやモチベーションに関する研究も，心理学の内容を多く含んでおり，経営学固有の知識とはいいにくいでしょう。

こうした問題を抱えつつも，経営学という名称は世間にも認知されており，また文部科学省が作成する学問領域（科学研究分野）の一覧表の中にも経営学という名称で項目が設定されています。こうした事実は，経営学が他の学問とは異なる独自の分野であることが認められていることを意味します。では，内容的に他の学問分野の概念や知識を援用しているにもかかわらず，経営学が独自の学問として認められる理由はどこに見出すことができるのでしょうか。

これに関して通説はありませんが，私見を述べれば，**経営活動に関する知識を体系化**している点に経営学のもっとも顕著な独自性が見出せるといえます。たしかに，経営学で使用される概念・知識自体は，経済学，法学，心理学などから導入されたものが数多くあります。しかし，経営という活動・現象自体の体系的説明を行っている学問は経営学をおいて他にありません。そうした点で，個別の概念・知識それ自体よりも**知識の体系化**という点に経営学の独自性があるといえるでしょう。

また経営学固有の概念・知識は多くありませんが，第1章で説明したサイモンの**制約された合理性**の概念は経営学（組織論）固有のものであり，経営学から経済学に導入されたという経緯があります。そうした点で，経営学固有の概念・知識も存在するのです。

3.2 実践性,理論と経営学

3.2.1 実践性について

　第1章でも説明したとおり,経営学における実践性とは「目の前の課題を解決してくれる即効薬」という意味ではなく,現実の経営現象にそくして知識体系(理論)を構築しているという意味であり,**現実性**と呼んだほうが適切かもしれません。こうした実践性あるいは現実性は,アメリカ経営学の発展系譜において顕著である点も,第1章で説明したとおりです。

　ただし近年のアメリカにおける経営学の研究動向を眺めると,経営の現実的な課題とは離れて,理論あるいは科学としての厳密さを追求しているきらいがあります。じつはこうした傾向は以前からあり,アメリカ経営学会会長を務めた人物が20年近く前に「アメリカの経営学研究者は,もっと実践とのかかわりを意識すべきである」という趣旨の発言をしています。実際アメリカの経営学研究者は,日本以上に細分化されたテーマに関して,よくいえば緻密な,悪くいえば矮小化された研究を行っています。彼(彼女)らは,ビジネス・スクールでの教育とコンサルティング活動ではきわめて経営実務と密接な関連を保っていますが,こと研究に関しては,実践性あるいは現実性は重視していません。むしろ日本の研究者のほうが,実際に企業・組織が直面する課題を研究テーマとして取り上げる傾向が強いのです。

3.2.2 理論について

　日本では,極論すると「理論的＝机上の空論＝現実とは無関係」という理解の図式ができあがっているように思われます。たしかに理論と呼ばれるものの中には,現実への適用をあまり(ほとんど)意識していないものもあります。

　しかし,「よい理論」とは決して「机上の空論」ではなく,きわめて現実的で実践的なものです。経営学(厳密にいえば,組織行動論)の先駆者の1人が残した「よい理論ほど役に立つものはない」という言葉は,こうした事

情を端的に表現しています。医師の仕事にたとえていうならば，「理論」とは病気の正確な診断に該当し，「実践」とはその治療です。正確な診断がなされてはじめて適切な治療が可能になることを考えれば，理論の現実的な有用性が理解できるでしょう。

このように，現実・実践とのかかわりを持つことは経営学にとって非常に重要なことです。しかし「現実・実践とのかかわりを持つ」ということは「特定の業界」あるいは「特定の企業」に関する事実やデータを集めて整理するだけのことを意味するのではありません。もちろん，企業・組織から可能な限りデータを収集することは大切ですが，データそれ自体は理論とは呼びません。

理論についても多様な考え方がありますが，「概念間のパターンあるいは因果関係に関する説明・予測体系」という説明が可能です。このように理論を理解すると，事実・データから一定の「概念化」あるいは「抽象化」がまず必要であり，また「概念間の関係」に関する「説明」が必要です。さらに，理論に基づいて，将来の予測あるいは現象の制御に役立てるのです。この点をよく意識してデータ収集に取り組まないと，ルポルタージュにも満たない「中途半端な記録」に終わってしまうことになります。

3.3 日本における経営学の方向性

第1章でも説明したとおり，社会科学の中で「経営学」が1つの学問分野として認知されているのは，日本に独特な状況であるといわれます。他の社会科学の分野と同様に，ここ半世紀はアメリカが経営学の中心であったので，アメリカの動向を念頭において説明すれば，"management"という書名の本の多くは，第1章で説明した管理過程論の枠組みに依拠して経営，すなわち"management"の内容を説明しています。

すでに説明したとおり，管理過程論では，経営を「**計画→実行→統制**」（plan → do → see）という一連の過程（プロセス，サイクル）として定式化しています。「**制度の選択→戦略の形成→組織の枠組み作り→組織における人間**

への対応」という本書の枠組みも，管理過程論の発想に基づいています。また学界に限らず実務界でもこの枠組みは広く受け入れられています（ただし実務界では，"plan → do → check → action" の頭文字をとって「**PDCA サイクル**」といわれる場合が多いです）。

このように，管理過程論の枠組みは広く世間に流布していますが，この「計画→実行→統制」という枠組み自体は，ごく常識的な「経営のプロセス」あるいは「ものごとを行う手順」を示しているにすぎず，理論体系と呼べるほどのものではありません。もちろん，経営の各段階（「制度の選択」「戦略の形成」など）におけるより精緻な理論的研究は蓄積されてきていますが，経営全体を包括的に説明する理論体系は未整備なままです。

1960年代にアメリカのクーンツ（H. Koontz）という学者が，経営学に多様な学派・アプローチが併存している状況を指して「ジャングル状態」と呼び，統一的な経営学体系構築の必要性を主張しました。しかし，そうしたジャングル状態は現在もあまり変わらず，統一的な体系化へ向けた努力の必要性を表明する学者もほとんどいません。

こうした状況は，学問領域としてみた場合に，経営学の弱みのようにも思われます。しかし社会科学の女王と呼ばれる経済学も，多様な学派・アプローチが併存しているのが現状であることを考慮すると，「経営」という現象の複雑性，多面性を理解・説明しようとする場合には，複眼的なアプローチが有効といえます。それゆえに，無理にあるいは盲目的に特定のアプローチに拘泥するのではなく，多様なアプローチ・学派が存在することは，むしろ経営学の「内容の充実」「発展性」「現実・実践への貢献」などの点で望ましく，また社会科学研究のあり方としては健全ともいえるでしょう。

Working

> 調べてみよう

1. 最近の経営学の研究についてどのような本，論文などが出ているか調べてみよう。
2. 1で調べた本，論文の中から1つを選び，その内容を詳しく調べてみよう。

Discussion

> 議論しよう

1. Working の2で調べた研究の概要を紹介しながら，その理論の有効性（現実をうまく説明できる点）と限界について議論してみよう。
2. 企業・組織をいくつか選んで，その企業・組織の競争優位性に貢献していると思われる経営資源について，議論してみよう。
3. この章の内容を参考にして，イノベーションを生み出す組織の特徴について議論してみよう。

▶▶▶さらに学びたい人のために

- Christensen, C. M. & Raynor, M. E. [2003] *The innovator's solution*, Harvard Business School Press. (櫻祐子訳［2003］『イノベーションへの解』翔泳社)
- Nonaka, I. & Takeuchi, H. [1995] *The knowledge-creating company*, Oxford University Press. (梅本勝博訳［1996］『知識創造企業』東洋経済新報社)

参考文献

- 伊丹敬之・藤本隆宏・岡崎哲二・伊藤秀史・沼上幹［2006］『リーディングス日本の企業システム第Ⅱ期第3巻 戦略とイノベーション』有斐閣。
- 軽部大［2008］「イノベーション研究の分析視角と課題」『日本経営学会第82回大会報告要旨集』12-20頁。
- 軽部大［2009］「イノベーション研究の分析視角と課題」日本経営学会編『日本企業のイノベーション（経営学論集79集）』千倉書房，17-29頁。
- 野中郁次郎［1990］『知識創造の経営』日本経済新聞社。
- 原拓志［2008］「日本企業の技術イノベーション―技術の社会的形成の視点から」『日本経営学会第82回大会報告要旨集』3-11頁。
- 原拓志［2009］「日本企業の技術イノベーション―技術の社会的形成の視点から」日本経営学会編『日本企業のイノベーション（経営学論集79集）』千倉書房，5-16頁。

- 一橋大学イノベーション研究センター編［2001］『イノベーション・マネジメント入門』日本経済新聞社。
- 広瀬義州［2006］『知的財産会計』税務経理協会。
- 藤田誠［2007］『企業評価の組織論的研究』中央経済社。
- 藤本隆宏［2003］『能力構築競争』中央公論新社。
- 森昭夫［1997］「巻頭言・「日本経営学会誌」創刊にあたって」『日本経営学会誌』創刊号，3-12頁。
- 渡部直樹編著［2010］『ケイパビリティの組織論・戦略論』中央経済社。
- Barney, J. B. [2002] *Gaining and sustaining competitive advantage* (2nd ed.), Prentice-Hall.（岡田正大訳［2003］『企業戦略論（上）（中）（下）』ダイヤモンド社）
- Burgelman, R. A., Christensen, C. M. & Wheelwright, S. C. [2004] *Strategic management of technology and innovation* (4th ed.), McGraw-Hill.（青島矢一他日本語版監修・岡真由美他訳［2007］『技術とイノベーションの戦略的マネジメント（上・下）』翔泳社）
- Gupta, A. K., Tesluk, P. E. & Susan Taylor, M. [2007] "Innovation at and across multiple levels of analysis," *Organization Science*, 18: 885-897.
- Hamel, G. & Prahalad, C. K. [1994] *Competing for the future*, Harvard Business School Press.（一條和生訳［1995］『コア・コンピタンス経営』日本経済新聞社）
- Koontz, H. (Ed.) [1964] *Toward a unified theory of management*, McGraw-Hill.（鈴木英寿訳［1968］『経営の統一理論』ダイヤモンド社）
- Polanyi, M. [1966] *The tacit dimension*, Routledge & Kegan Paul.（佐藤敬三訳［1980］『暗黙知の次元』紀伊國屋書店）
- Tidd, J., Bessant, J. & Pavitt, K. [2001] *Managing innovation* (2nd ed.), Wiley.（後藤晃・鈴木潤監訳［2004］『イノベーションの経営学』NTT出版）

索　引

英数

BCGマトリックス……………………109
CSR……………………………………63
LPC……………………………………203
M&A……………………………125, 127
PM理論…………………………………200
SL理論…………………………………204
SPA……………………………………122
SRI……………………………………73

あ

アウトソーシング……………………122
アンソフ………………………………96
ヴェーバー……………………………141
ウッドワード…………………………27
売り手の交渉力………………………116
営利企業………………………………34
エーベル………………………………101

か

会計監査人……………………………52
会社……………………………………35
会社機関………………………………49
会社代表………………………………37
会社統治………………………………48
会社法…………………………………43
階層性……………………………139, 152
買い手の交渉力………………………116
外部成長………………………………127
学習曲線………………………………114

価値観……………………………76, 180
株価上昇………………………………59
株式会社………………………………37
株式会社統治…………………………48
株式の分散……………………………45
株主……………………………………37
株主総会………………………………51
監査委員会…………………………53, 56
監査等委員会設置会社………………51
監査役会………………………………51
監査役会設置会社……………………49
カンパニー制…………………………146
カンピオン……………………………27
官僚制…………………………………140
関連型多角化…………………………98
機械的組織…………………………23, 142
規格化…………………………………137
企業形態……………………………13, 34
企業行動憲章………………………65, 70
企業市民………………………………68
企業戦略………………………………88
企業統治………………………………48
企業の社会的責任……………………63
企業理念………………………………76
企業倫理……………………………26, 63
機能別戦略……………………………88
機能別組織……………………………142
規範……………………………………76
業界内の競合…………………………116
業界標準………………………………128
強制力…………………………………195
競争戦略………………………………88
共同企業………………………………35
業務執行……………………………37, 54
業務の外部委託………………………122
グーテンベルク………………………18

253

組合企業	35
グランド・ストラテジー	88
グランド・デザイン	88
グレーシャー金属会社	27
クロス・ファンクショナル・チーム	148
経営経済学としての成立	17
経営行動	22
経営資源	111
経営者の役割	22, 64
経営哲学	76
経営の基本構想	88
経営理念	76
経験曲線	118
経験効果	118, 136
経済至上主義社会	63
系列	122
権限委譲	210
顕在化したコンフリクト	178
現実性	29
コア・コンピタンス	111
公開会社	49
交換型リーダーシップ	206
公企業	34, 62
合資会社	37
公式化	138, 152
公式権限の行使	196
公私合同企業	34, 62
合同会社	37
行動科学	21
行動基準	70, 77
合名会社	37
コーポレート・ガバナンス	41, 48
コーポレート・ステートメント	78
コーポレート・スローガン	78
顧客志向	103
個人企業	35
コスト集中	118
コスト・リーダーシップ	90, 118
個別資本説	25
コモディティ化	119
コリンズ	207
コングロマリット型多角化	99

さ

細分化・単純化	135
サイモン	22
作業の標準化	20
差別化	90, 118
差別化集中	118
三権分立	51
私企業	34
事業空間	104
事業構造の決定	81
事業構造の再構築	89
事業システム	120
事業戦略	88
事業の幅	119
事業部制	142, 183
事業持株会社	146
資源の希少性	183
資源ベース論	23, 111
資質論	196
市場細分化	101
市場シェア	119
市場志向	103
執行役	52, 53
執行役員	53
シナジー	125
指名委員会	53, 56
指名委員会等設置会社	50
社員	37
シャイン	156
社会化	71, 184
社外監査役	56
社会貢献活動	68
社会戦略	92
社会的企業	68
社会的公器	69

社会的責任	26
尺度	203
社訓	76
社是	76
社内分社	146
社風	14
集権化	140
習熟曲線	114
集中	90, 118
純粋持株会社	146
消費者主権	63
所有と経営の分離	42, 45, 59
人員配置	184
新規参入の脅威	116
人事考課	195
信託	35
垂直統合	122
スタイル（行動）論	198
ステークホルダー	62
ストーカー	27
スパン・オブ・コントロール	139
スピードの経済	126
スペシャリスト志向	135
生産者主権	63
成長ベクトル	96
正当化戦略	92
正当力	195
制度的要因	11
制度の選択	13
制度を超えた要因	11
製品カテゴリー	97
製品ライフ・サイクル	106
製品ラインの幅	119
ゼネラリスト志向	135
ゼロ・サムの交渉	187
潜在的コンフリクト	178
全社戦略	88
専門化	134
戦略計画論	23
戦略的提携	127
戦略の形成	13
相乗効果	125
相対的市場シェア	108
創発的戦略	93
ソーシャル・エンタープライズ	68
組織間関係	150
組織構造	14
組織行動論	21
組織図	136
組織における人間への対応	13
組織能力	111
組織のフラット化	139
組織の枠組み作り	13
組織文化	14, 72, 133, 180, 190, 210
組織変革	190

た

大会社	49
第3セクター	34, 63
代替製品・サービスの脅威	116
代表執行役	52, 53
代表取締役	52, 54
タヴィストック人間関係研究所	27
多角化	98
多元的目的論	81
タスク・フォース	148, 185
妥当性監査	58
地位勢力	195
知識資本主義	61
知識マネジメント	19
知的財産権	111
チャンドラー	23, 132
中途半端な事業	120
定款	42
定型化	137
定式化	137
テイラー	20
適法性監査	58

デザイン・イン	122
統合型交渉	187
統制の幅	139
道徳・規範の内面化	71
特性論	196
匿名組合	35
トップ・マネジメント万能論	212
ドメイン	83
ドメイン・コンセンサス	84
取締役会	51

な

内部告発	71
内部成長	127
ネットワーク組織	150
ノウハウ	111

は

パーソナリティ	180
バーナード	22
バーンズ	27
配当	44, 59
範囲の経済	126
非営利企業	34
非関連型多角化	99
ビジネス・モデル	120
ビジョン	76
批判経営学	25
標準化	137, 152
ファイブ・フォーシーズ・モデル	115
ファヨール	21
フィードラー	202
フィードラーモデル	23
フィロソフィー	76
フォード生産方式	21
フォロアー	195

部門化	136, 184
ブランド	111
ブランド・マネジャー	153
プロジェクト組織	148, 152
プロジェクト・チーム	148, 185
プロダクト・マネジャー	153
プロフィット・センター	144
分業	134
分業と調整のパターン	134
分権化	140
文書化	138
分配型交渉	187
ヘッドシップ	195
変革型リーダーシップ	206
報酬委員会	53, 56
報酬力	195
ホーソン実験	21
ポーター	23, 90, 115
ポートフォリオ・プランニング	107
ポジショニング	110
ホット・ライン	71
本業中心型多角化	98

ま

マーケット・セグメンテーション	101
マトリックス組織	147
マニュアル化	138
マルチプロジェクト	149
ミッション	76
無限責任	37
明文化	138
目標	80
持株会社	146
持分譲渡	37

や

有機的組織 ················· 23
有限責任 ················· 37, 41

ら

ライフ・サイクル ············· 106
リーダーシップ ············ 72, 194
リーダーシップの代替性 ········· 211
利益極大化 ················· 80
倫理委員会 ················· 70
倫理綱領 ················ 70, 77
累積生産量 ················ 115
レヴィン ················· 199
労働志向的個別経済学 ··········· 26
労働者自主管理 ··············· 27

▶著者紹介

藤田 誠（ふじた まこと）

早稲田大学商学学術院（商学部）教授

博士（商学）早稲田大学

1962年生

1984年　早稲田大学商学部卒業

1991年　同大学院博士後期課程単位取得

1991年　早稲田大学商学部専任講師

1998年　同教授，現在に至る

主要著書：『企業評価の組織論的研究』（単著，中央経済社，2007年，日本経営学会賞受賞），『特許権価値評価モデル』（共著，東洋経済新報社，2006年），『特許権価値評価モデル活用ハンドブック』（共著，東洋経済新報社，2005年），『組織のイメージと理論』（共著，創成社，2001年），『経営学の論点整理』（共著，中央経済社，1997年）他

経営学入門

2015年2月20日　第1版第1刷発行
2025年5月30日　第1版第55刷発行

著　者	藤　田　　　誠
発行者	山　本　　　継
発行所	㈱中央経済社
発売元	㈱中央経済グループ パブリッシング

〒101-0051　東京都千代田区神田神保町1-35
電話　03（3293）3371（編集代表）
　　　03（3293）3381（営業代表）
https://www.chuokeizai.co.jp
印刷・製本／文唱堂印刷㈱

©2015
Printed in Japan

＊頁の「欠落」や「順序違い」などがありましたらお取り替えいたしますので発売元までご送付ください。（送料小社負担）
ISBN978-4-502-13391-6　C3034

JCOPY〈出版者著作権管理機構委託出版物〉本書を無断で複写複製（コピー）することは，著作権法上の例外を除き，禁じられています。本書をコピーされる場合は事前に出版者著作権管理機構（JCOPY）の許諾を受けてください。
　　JCOPY〈https://www.jcopy.or.jp　eメール：info@jcopy.or.jp〉